华文时代考研宝典

管理学

骆坤◎编著

长春出版社

全国百佳图书出版单位

图书在版编目（CIP）数据

管理学 / 骆坤编著. —长春：长春出版社，
2023.10

（华文时代考研宝典）

ISBN 978-7-5445-7199-9

Ⅰ.①管… Ⅱ.①骆… Ⅲ.①管理学–研究生–入学
考试–自学参考资料 Ⅳ.①C93

中国国家版本馆 CIP 数据核字（2023）第 196502 号

华文时代考研宝典——管理学

编　著　骆　坤
责任编辑　孙振波
封面设计　张　合

出版发行　长春出版社
总 编 室　0431-88563443
市场营销　0431-88561180
网络营销　0431-88587345
地　　址　吉林省长春市长春大街309号
邮　　编　130041
网　　址　www.cccbs.net

制　　版　佳印图文
印　　刷　三河市华东印刷有限公司

开　　本　710毫米×1000毫米　1/16
字　　数　216千字
印　　张　14.5
版　　次　2024年1月第1版
印　　次　2024年1月第1次印刷
定　　价　78.00元

目 录

绪　论

复习指导

　　绪论部分主要介绍管理学的研究对象、管理学的产生和发展、管理学的学习意义与方法三部分内容，简单了解即可。

知识框架

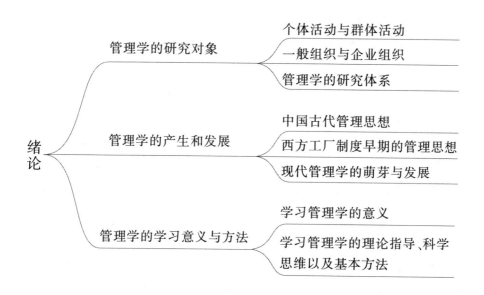

考点精讲

考点1　管理学的研究对象

1. 个体活动与群体活动

广义上来说，管理学的研究对象既包括个体活动的管理，也包括群体活动的管理。

个体活动需要管理，人类有组织的群体活动更需要管理。

2. 一般组织与企业组织

我们需要在思考群体活动管理，或者说需要在思考作为群体活动框架的组织管理的基础上抽象出一般的管理规律，然后在概括这些规律的基础上形成一般的管理理论，进而把这些理论移植于其他人类组织的管理。

现代管理学通常通过解剖企业经营活动来描述和抽象管理活动的一般规律。把企业组织作为管理学的研究对象，不仅因为它是现代微观经济活动选择的普遍形式，不仅因为这种组织形式数量众多、提供着大量鲜活的研究案例，而且也是历史发展的选择。

3. 管理学的研究体系

管理学的研究体系是由管理活动的过程特点决定的。管理活动是一个由决策、组织、领导、控制以及创新所构成的循环往复、螺旋上升的过程。

管理者首先需要研究和选择资源利用活动的正确方向和内容。这是管理的决策职能所要完成的任务。

管理者需要对所选择的活动进行分解，据此规定不同岗位的任务和职责（职务或职位设计），然后根据不同的标准把这些岗位组合成不同的部门（机构设计）并规定不同部门间的权力关系（结构设计），进而根据不同任务的要求招募合适的人员并把他们安置在不同的岗位上（人员配备）。这是管理的组织职能。

把招募到的人员安排在适当的岗位后，管理者还要研究怎样才能让这些人始终以饱满的热情、高昂的士气投身到组织活动中去。为此管理者要分析组织成员在参与组织活动中的行为影响因素，然后在此基础上设计合理的制度、选择恰当的领导方式，以激发和引导组织成员的积极行为。这是管理的领导职能。

由于认知和能力的不同，组织成员在组织活动中的行为不一定完全符合组织的预定要求，所以管理者要对组织成员的行为表现进行及时检查和追踪，分析他们的行为表现是否偏离了组织的预期。如果存在偏差，就要在分析偏差原因的基础上采取纠正偏差的行动。这是管理的控制职能。

控制保证了决策选择的活动能按预定的规则有秩序地进行。秩序是获得效率的前提。从某种意义上说，管理就是在设计并维持某种秩序。但是，我们知道，组织活动总是在特定环境中进行的，组织活动所需要的资源都是在环境中获取的，而环境本身又是在不断变化的。组织需要根据环境的变化不断调整决策、变革组织、完善领导、改进控制，需要不断打破旧秩序、建立新秩序。这是管理的创新功能。

通过控制，管理成为周而复始、不断循环的过程；通过创新，管理过程表现为这个循环的螺旋上升。因此管理学需要研究这个循环往复、螺旋上升过程中的决策、组织、领导、控制、创新活动的内容，可以借助的方法以及必须遵循的基本原则。

考点 2　管理学的产生与发展

1. 中国古代管理思想

中国有着数千年的文明史，在浩如烟海的文献资料中蕴藏着极其丰富的关于管理的思考。顺道无为、重人求和、预谋慎战、依法治理就是其中几例。

（1）顺道无为思想

中华民族早在自己的社会实践中发现，无论是自然界还是人们利用和改造自然的社会活动都有其自身的客观运行规律。这个客观规律就是"道"。利用和改造自然的社会活动的有效进行要在"辨道"的基础上"顺道"。"辨道"是要准确认识客观规律,"顺道"是要根据客观规律组织管理。

生产活动的组织、市场交易的运行、农村和城市的治理,都有轨可循,"不通于轨数而欲为国,不可"。因此,人们要取得事业成功,必须顺道而行,不能逆道而上。

辨道顺道,是指在认知客观规律的基础上,依据客观规律的要求设计和完善社会或组织运行的规则。

(2)重人求和思想

儒家思想一贯强调人是管理的核心。以人为核心的管理,要求重视人的需要,讲求用人之道,实现人的和谐。得人是基础,用人是保障。只有根据不同人的特点,使这些人的才干得以施展,社稷才能兴旺,国家才能发展。人的才干能否充分发挥,不仅取决于为政者使用是否得当,还取决于组织中人际关系是否和谐融洽。

(3)预谋慎战思想

"兵马未动,粮草先行",这不仅指行动前要做好后勤准备,而且强调任何活动的组织展开都要事先谋划。

军事行动的进行往往涉及国家的生死存亡。因此,孙子强调,"兵者,国之大事,死生之地,存亡之道,不可不察也"。但这里的"察",不仅是强调研究道、天、地、将、法,分析双方资源优劣,而且要估算用兵动武可能产生的代价,要意识到"军争为利,军争为危"。

(4)依法治理思想

管理的目的是提高组织活动的效率。活动的效率是以秩序为前提的。从某种意义上说,管理就是围绕着秩序的建立和维持而进行的一系列工作。建立和维持秩序可以借助两种不同的方法:依靠管理者主要根据自己判断的实时监督,或者借助规则的制定和执行。从国家层面来说,法治或依法治理就是根据法律而非君主或官吏的个人好恶来调整社会、经济、政治关系,组织社会政治、经济活动。

2. 西方工厂制度早期的管理思想

西方管理思想的大量涌现是伴随着工厂制度的出现而开始的。工厂制度的出现，不仅使管理活动的思考有了众多的对象，而且使管理劳动渐渐成为许多组织成员的专门职业，他们的任务便是思考和改善管理劳动的组织。罗伯特·欧文、亚当·斯密以及查尔斯·巴贝奇是在西方工厂制度初期对管理活动进行思考的，并留下了自己的特殊痕迹。

英国的罗伯特·欧文是我们所熟悉的空想社会主义者，他是 19 世纪初期最有成就的实业家之一，也是杰出的管理学先驱。欧文认为，人是环境的产物，只有处在适宜的物质和道德环境下，人才能培养出好的品德。

英国的亚当·斯密是著名的古典经济学家。他的《国民财富的性质和原因的研究》（《国富论》）不仅是经济学说史上的不朽巨著，而且是管理学宝贵的思想遗产。在这部作品中，他不仅阐述了劳动价值理论，而且详细分析了劳动分工带来的好处。

英国数学家查尔斯·巴贝奇继续了亚当·斯密关于劳动分工的研究，他在 1832 年出版的《论机器与制造业的经济学》一书中指出，劳动分工不仅可以提高工作效率，还可以带来减少工资支出的好处。

3. 现代管理学的萌芽与发展

1856 年出生的泰勒，在米德瓦尔钢铁公司工作期间，曾对生产作业方法的标准化和生产过程组织的合理化进行了系统的思考，并在此基础上于 1911 年出版了《科学管理原理》一书。为了纪念他对管理理论萌芽的贡献，泰勒被后人称为"科学管理之父"。

法约尔生前发表过许多管理著述，对管理理论的形成和发展有着卓越的贡献。在探索和总结管理经验的基础上，法约尔于 1916 年出版《工业管理与一般管理》，构建了管理研究的基本框架。

韦伯与泰勒、法约尔处于同一时代，在管理领域，韦伯主要分析了官僚组织（因"官僚"一词的意义演化，目前人们通常把这种组织称为"科层组织"）的构成要素和运行特点，提出并论证了官僚组织是理想的组织形态的观点。韦伯也因此而被人们称为"组织理论之父"。

泰勒的科学管理方法在不同企业的推广获得了不同的效果。20年代初期哈佛大学工业心理学教授梅奥在美国科学院专家小组照明度实验基础上，在美国西方电气公司所属的霍桑工厂进行了"继电器实验""访谈计划"，对企业活动中的人的行为及其影响因素进行了充分的研究，并在此基础上出版了《工业文明的人类问题》（1933）等书，提出了"职工是社会人""企业中存在非正式组织"以及"新型的领导能力在于提高职工满足程度的能力"等观点，开启了管理研究中的"行为科学"之旅。这就是著名的霍桑实验。

20世纪以来许多研究人员就企业如何在变化的环境中经营进行了许多方面的探索，在此基础上形成了一系列不同的理论观点。美国管理学家孔茨把这种现象称为"管理理论的丛林"。不同学者分别从系统、决策、经验、权变等角度对企业管理问题进行了全方位的思考，管理学的理论框架因此而逐渐成熟。

考点3　管理学的学习意义与方法

1. 学习管理学的意义

任何个人都处于一定的管理关系之中，都需要面对和解决一定的管理问题。学习管理学可以帮助我们了解和掌握管理的一般规律，提升我们分析管理问题和解决管理问题的能力，因而可以指导我们在学习、生活以及工作中的管理实践。

2. 学习管理学的理论指导、科学思维以及基本方法

学习管理学的理论指导、科学思维以及基本方法，要用马克思主义指导管理学的研究和学习，用科学的思维方式和理论联系实际的方法去思考管理实践，探讨管理理论的运用和发展。

（1）学习和研究管理学的理论指导

学习和研究管理学，要以马克思主义为基本指导。

（2）学习和研究管理学的科学思维

科学的管理思维是战略思维、历史思维、辩证思维、创新思维以及底线思维的统一。

（3）学习和研究管理学的基本方法

虽然管理学的研究与学习也要运用定性与定量、归纳与演绎、比较研究等社会科学普遍运用的方法，但理论联系实际是在马克思主义指导下我们学习和研究管理学的基本方法。

【经典考研例题】

马克思主义对学习和研究管理学的指导意义。（中国海洋大学2023年论述题）

第一章　管理导论

复习指导

本章介绍了管理的内涵与本质、管理的基本原理与方法、管理活动的时代背景三个部分的知识点。作为教材的开篇章节，在管理内涵部分介绍了管理的各个职能，奠定了管理学按照"职能论"展开的基调。考试中以选择、名词解释、简答、论述题为主。

知识框架

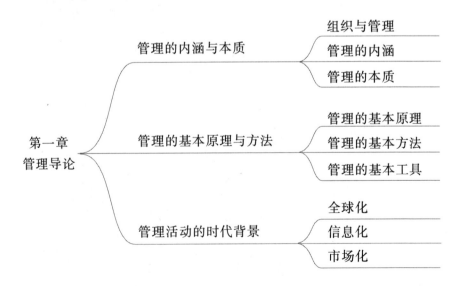

第一章　管理导论

管理的内涵与本质
- 组织与管理
- 管理的内涵
- 管理的本质

管理的基本原理与方法
- 管理的基本原理
- 管理的基本方法
- 管理的基本工具

管理活动的时代背景
- 全球化
- 信息化
- 市场化

考点 1　组织与管理

1. 组织的概念

作为动词，"组织"是管理的一种职能，甚至是管理的代名词。为了一个共同目标而走到一起的一群人，为了使每个人都能以适当的方式提供目标活动所需要的贡献，首先需要进行劳动分工，然后需要对他们的分工劳动进行协调。

作为名词，"组织"是指一群人的一种相对稳定的集合。由若干个人组成的集合体，如果他们在一定的时期内相对固定地集中在一起从事某种活动，就会形成某种社会组织。

因此，组织是指一群人为了实现某个共同目标而结合起来协同行动的集合体。

2. 组织的特征

作为现代社会基本单元的组织具有以下基本特征：

（1）组织是由两个或两个以上的成员构成的。

（2）组织具有明确的目标。

（3）组织有特殊的活动。特定组织是特定类群的人与特定资源的特殊结合。组织活动过程实质上是人与物的组合及变化的过程。

（4）任何组织在一定程度上都是独立存在的，因此与外部社会有着相对明确的界限。

3. 企业——一种特殊的社会经济组织

在现代社会，经济活动主要是以企业为单位进行的。

企业是指那些根据市场反映的社会需要来组织和安排某种商品（包括物质产品或非物质的服务）的生产和交换的社会经济单位。企业是国民经济的细胞。

企业的经济活动主要包括三个环节：资源筹措、资源转换以及产品销售或成果处理。

企业是在下述背景下进行上述活动的：

（1）企业活动所需借助的资源是稀缺的；

（2）企业内部活动的成果需要到外部去实现；

（3）企业产品的制造过程是生产者的联合劳动过程。

【经典考研例题】

①简述组织的特征。（天津商业大学 2022 年简答题）

②企业。（河北工业大学 2012 年名词解释题）

考点 2　管理的内涵

1. 管理的概念

综合这些学者的观点，本书认为，管理就是为了有效地实现组织目标，由管理者利用相关知识、技术和方法对组织活动进行决策、组织、领导、控制并不断创新的过程。

【经典考研例题】

管理。（贵州大学、海南大学 2023 年名词解释题，东北大学 2022 年、四川农业大学 2019 年、四川大学 2017 年、西北农林科技大学 2020 年名词解释题）

2. 管理的基本特征

（1）管理的目的是有效地实现组织预定的目标。管理本身不是目的，管理是为组织目标的有效实现服务的。

（2）管理的主体是具有专门知识、利用专门技术和方法来进行专门活动的管理者。

（3）管理的客体是组织活动及其参与要素。组织需要通过特定的活动来实现其目标，活动的过程是不同资源的消耗和利用的过程。

（4）管理是一个包括多阶段、多项工作的综合过程。管理是一个包括决策、组织、领导、控制以及创新等一系列工作的综合过程。

3. 管理工作的内容

考点贴士

本书所讲的管理工作的内容实际上就是一般意义上"管理的职能"，当然不同的学者对于管理职能的划分是不同的，本书认为管理具有决策、组织、领导、控制和创新五大职能。

（1）决策

决策是组织在未来众多的行动可能中选择一个比较合理的方案。管理者研究组织活动的内外部背景，使决策有一个比较可靠的依据。

制定了正确的决策后，编制行动计划的工作实质上是将决策目标在时间上和空间上分解到组织的各个部门和环节，对每个单位、每个成员的工作提出具体要求。

考点贴士

本书认为环境多变，组织活动的方向和内容调整成为管理常态，故决策成为管理首要职能，计划是决策的延续。部分学者认为计划是管理的首要职能，这里做好区分。

（2）组织

为了保证决策活动的有效实施，管理者要根据目标活动的要求设计合理的组织，包括：

①在目标活动分解的基础上分析需要设置哪些岗位，即职务设计；

②根据一定的标准将不同岗位加以组合形成不同的部门，即机构设计；

③根据业务活动及其环境的特点规定不同部门在活动过程中的相互关系，即结构设计；

④根据不同岗位所从事的活动要求或组织现有成员的素质特征，将适当的人员安置在组织结构的适当岗位上，实现人岗匹配；

⑤在此基础上向配备在各岗位上的人员发布工作指令，并提供必要的物质和信息条件，以开动并维持组织的运转；

⑥在组织运行过程中，要借助不同手段和方法，整合正式组织与非正式组织、直线与参谋以及不同层级管理人员的贡献，并根据业务

活动及其环境特点的变化，研究与实施组织结构的调整和变革。

（3）领导

把组织的每个成员安排在适当的岗位上以后，还要努力使每个成员以高昂的士气、饱满的热情投身到组织活动中去。这便是领导工作。

领导是指利用组织赋予的权力和自身的能力去指挥和影响下属为实现组织目标而努力工作的管理活动过程。有效的领导要求管理人员在合理的制度（领导体制）环境中，利用优秀的素质，采用适当的方式，针对组织成员的需要及特点，采取一系列措施去提高和维持组织成员的工作积极性。

考点贴士

这里的管理人员、制度环境、组织成员实际上就是领导的三要素：领导者、被领导者、领导环境，蕴含丰富的"权变思想"，具体将在领导一章加以讨论。

（4）控制

控制是为了保证组织系统按预定要求运作而进行的一系列工作，包括根据预先制定的标准检查和监督各部门、各环节的工作，判断工作结果与目标要求是否相符；如果存在偏差，则要分析偏差产生的原因以及偏差产生后对目标活动的影响程度；在此基础上，还要针对原因，制定并实施纠正偏差的措施，以确保决策活动的顺利进行和决策目标的有效实现。

考点贴士

控制"三步走"：确定标准—分析偏差—制定纠偏措施。

（5）创新

控制使组织活动按预定的目标和要求进行，维持了组织活动的有序性，从而为效率的提高提供了保证。组织活动是一种伸向外部、面向未来的活动。组织外部的环境以及企业内部与之相关的可以利用的资源是在不断变化的。即便环境与资源不变，组织中的管理者对资源与环境的认识也可能发生改变。这些变化要求组织内部的活动技术与方法不断变革，组织活动与人的安排不断优化，甚至组织活动的方向、内容与形式选择也需要不断地进行调整。这些变革、优化和调整是通过管理的创新职能来实现的。

【补充知识点】

各职能的关系：每一项管理工作一般都是从决策开始，经过组织、领导到控制结束。各职能之间相互交叉渗透，控制的结果可能又导致新的决策，开始新一轮的管理循环。如此循环不息，把工作不断推向前进。创新在管理循环之中处于轴心的地位，成为推动管理循环的原动力。

【经典考研例题】

①管理职能之间的相互关系是什么？（贵州大学、长沙理工大学2023论述题）

②管理的基本职能及其关系。（华东师范大学2023年简答题）

③根据国家粮食安全的经验分析决策、领导、组织、控制、创新的职能。（西北农林科技大学2023年论述题）

考点3 管理的本质

管理首先是对人或人的行为的管理，管理的本质从某种意义上说是对组织成员在活动中的行为进行协调。

1. 管理是对人或对人的行为的管理

管理者的工作主要是对人的管理，意味着管理者的成功、管理者的职业生涯发展，在很大程度上不仅取决于自己的个人素质、能力以及努力程度，而且更多地取决于他们识人和用人的能力，取决于他们调动和维持人的积极性的能力。

2. 管理的本质是对人的行为进行协调

协调组织成员的行为是以组织成员愿意接受协调和组织成员的行为可以协调为前提的。

3. 管理的科学性与艺术性

（1）科学性：管理研究和总结了管理的一般规律，产生了系统的管理理论。

（2）艺术性：对于相同的理论、相同的原则、相同的手段，不同人有不同的理解。即使有相同的理解，在实践中也可能有不同的运用；即使有相同的运用，产生的效果也可能是不一样的。

（3）如何运用科学性与艺术性：在管理实践中，管理者需要根据活动环境、活动条件以及活动对象等因素的特征及其变化，艺术地运用那些科学的理论、手段和方法。实际上，管理活动的有效性在很大程度上正是取决于管理者能否艺术地运用以及在何种程度上艺术地运用那些科学的理论、手段和方法。

【经典考研例题】

①为什么说管理既是一门科学又是一门艺术？（四川农业大学2018年论述题，哈尔滨工程大学2020年、南东航空航天大学2017年简答题）

②如何理解管理既具有科学性又具有艺术性？（西北农林科技大学2023年简答题）

4. 管理的自然属性与社会属性

（1）自然属性：不同的时代背景下技术发展水平不同，对整合资源利用过程的管理也必然体现出不同的特征。这些特征与管理的自然属性相关。

在不同社会制度背景下对不同类型组织不同活动的管理会表现出相似的自然属性特征，在不同背景实践中抽象出的与之相关的管理理论与方法也因此而具有一般借鉴意义。

（2）社会属性：管理为管理主体利益服务，是管理主体为实现其预期目的而需借助手段的特点决定了管理具有特殊的社会属性。

管理社会属性的特征决定了在特殊背景下产生的理论与方法总是与这个特殊背景有着密不可分的关系，其他社会背景下的组织借鉴和运用这些理论和方法时必须考虑到社会制度、主体性质、服务目的以及主客体关系等方面的差异。

考点贴士

管理的自然属性和社会属性称之为"管理的二重性"。

【经典考研例题】

①简述管理二重性。（哈尔滨工程大学 2021 年简答题、吉林大学 2018 年名词解释题）

②马克思主义认为，管理具有自然与社会的二重属性，请你解释管理的二重性，并据此列举并解释 1—2 个管理现象。（南京大学 2019 年论述题）

③简述管理的本质。（天津商业大学 2022 年论述题）

考点4 管理的基本原理

管理的基本原理是管理者在组织管理活动的实践中必须遵循的基本规律。这些规律主要有人本原理、系统原理、效益原理以及适度原理。

1. 人本原理

人本原理强调以人为本的管理思路，具体包括：

（1）依靠人的管理。管理过程既需要管理者作为管理主体发挥管理职能的作用，明确组织目标，积极组织和参与管理过程，控制并反馈管理行为，同时也需要组织成员参与管理实践，完成工作任务，以实现组织预期目标。

（2）为了人的管理。管理的最终目的是通过人的活动达成为人服务。管理是为了更好地满足服务对象的需求，以获得组织成员共享的组织成果。

2. 系统原理

系统是指若干要素或子系统相互作用而形成的具有整体性、有序性、相关性和互动性的集合体。根据不同的标准分类，系统可分为自然系统与人造系统、封闭系统与开放系统、静态系统与动态系统等。系统管理应关注如下方面：

（1）管理活动所要处理的每一个问题都是系统中的问题。只有把局部与整体、内部与外部、目前与未来统筹兼顾、综合考虑，才能妥善地处理组织中的每一个问题，避免顾此失彼。

（2）管理必须有层次。在管理过程中，管理者要分清主次，明确各环节的关键任务，确保组织成员各司其职、各行其权、各负其责，共同发挥自身的作用以有效地实现组织目标。

（3）管理工作必须有开发观点。组织是环境中的组织。管理者要根据环境变化，以开放的态度面对外部环境变化，并及时调整以适应内外部发展要求；通过改造和开发环境，谋求顺应时代潮流的生存和发展。

3. 效益原理

效益是指管理行为投入与产出之间的比值。管理者致力于以最小资源付出达成组织目标。由于组织可利用的资源是有限的，管理活动以追求效益为基本准则。追求利益的基础是管理者"做正确的事"，其保证是管理者"用正确的方法做正确的事"。管理者应该在管理过程中明确效益指标，确定付出的资源和预期结果，践行最经济的管理行为。

4. 适度原理

强调管理活动的幅度选择范围要适度，既不能过度集中，也不能绝对分散。行动方案的选择本身就是对存在矛盾冲突的要素进行主次区分。管理者在管理过程中不能极端行事，要适当整合相矛盾的管理活动，并进行适度管理。

【经典考研例题】

①人本原理。（云南大学 2017 年名词解释题）

②效益原理。（四川大学 2007 年名词解释题）

③适度原理。（吉林大学 2020 年名词解释题）

④系统原理。（广州大学 2022 年名词解释题）

⑤简述管理的基本原理。（辽宁大学 2023 年简答题）

考点5 管理的基本方法

管理方法可从各种角度进行划分。按照属性的不同，管理方法一般可分为法律方法、行政方法、经济方法、教育方法和技术方法；按照管理对象的范围，可划分为宏观管理方法、中观管理方法和微观管理方法；按照管理方法的适用普遍程度，可划分为一般管理方法和具体管理方法；按照管理对象的性质，可划分为人事管理方法、物资管理方法、资金管理方法、信息管理方法；按照所运用方法的量化程度，可划分为定性方法和定量方法；等等。

抽象上看，这些方法均是以理性分析或直觉判断为基础或依据的。

第一，理性分析。管理的科学性是以理性分析为基础的。理性分析是大量严格的定量方法的运用，以严密的逻辑思维为基础。以定量分析方法的运用及严密的逻辑思维为基础的理性分析是管理过程中比较普遍采用的方法。

第二，直觉判断。表面上看没有切实的数据，没有定量的模型，没有精确的计算，因而没有形式上的科学性。但实际上，直觉仍是一个快速的逻辑思维过程的结果。直觉思维有着非常丰富的科学内涵。

考点贴士

理性分析和直觉判断，二者相辅相成，互为补充，理性分析不能忽视直觉判断的作用。总的来说，结合运用理性分析和直觉判断，有利于制定更好的决策方案，指导管理工作顺利进行。

考点6 管理的基本工具

管理者影响人的行为的手段有两类：一类与权力有关，另一类与组织文化有关。

管理者既需要运用权力直接规范被管理者在组织中必须表现的行为，并对其进行追踪和控制，也需要借助组织文化引导组织成员在参与组织活动过程中不同时空的行为选择。

1. 权力

权力是指组织中的相关个体在一定时期内相对稳定的一种关系。把权力的实质理解为命令与服从，则权力关系是单向的；把权力的实质理解为影响力，则权力关系是双向的。

从某种意义上说，特殊的知识、能力、经验、品质以及组织中的职务都是稀缺性资源，一个人在组织中的权力或影响力是他能够支配的相关稀缺资源的函数。这些资源有的与行为主体在组织中担任的职位有关，有的则来自行为主体自身或自身的学习与工作经历。管理者要运用权力直接规范被管理者在组织中必须表现的行为，并对其进行追踪和控制。

2. 组织文化

组织文化的核心是组织成员普遍认同、共同接受的价值观念以及由这种价值观念所决定的行为准则。

组织文化一旦形成，对组织成员的行为影响就会是持续的、普遍的、低成本的。依据共同的价值观念和行为准则，人们在组织中不同时空自觉的行为选择将不仅符合组织的目标要求，而且相互之间是协调的，即使出现某种或某些不协调，他们也会自觉地相互调适。

考点7　全球化

1. 全球化既是一个事实，又是一个过程。

2. 在公司层面上，全球化是指公司在各国或地区的收入份额和资产扩展的程度，以及与各国或地区的资本、商品和信息的跨国或跨地区交流程度。在信息产业，亚洲个人电脑第一位、全球第三位的联想集团的全球化发展是一个很好的例子。

3. 管理者要具有全球化视角。

4. 全球化环境和全球化经营对管理的主要职能，如决策、组织、领导和控制都提出了新的挑战。

考点8　信息化

信息化既是一种过程，指现代信息技术的应用，促成对象或领域（如社会或企业）发生转变的过程，又是一种状态，指对象或领域因信息技术的应用所达成的新形态或状态。我们可以从宏观和微观两个层面来理解信息化。

1. 企业资源计划（ERP）

企业资源计划建立在信息技术基础上，以系统化的管理思想，为企业决策层及员工提供决策运行手段的管理平台。ERP 集信息技术与先进的管理思想于一身，反映时代对企业合理调配资源，最大化地创造社会财富的要求。

2. 客户关系管理

客户关系管理既是一种应用软件技术，也是一种管理理念。该理念认为，与客户建立良好关系是所有业务持续发展的基石，也是企业持续竞争优势之源泉。作为一种软件技术，它是利用信息科学技术，实现市场营销、销售、服务等活动的自动化。该系统同每个客户建立联系，了解客户的不同需求，实现"一对一"个性化服务。

3. 供应链管理

供应链管理是组织对从供应商到产品传递给客户的所有活动的协调。根据美国供应链管理专业协会的定义，供应链管理是对嵌入采购、生产、物流之中的所有活动的计划与管理，以及与供应商、中介机构、第三方服务提供商或客户等渠道伙伴的协调和合作。

4. 办公自动化系统

办公自动化系统是运用信息技术，借助自动化的办公设备和计算机系统实现各种办公的信息管理、决策支持及综合事务的处理。办公自动化实现了自动化、无纸化和网络化，能够综合处理图像、声音、文字、数据等信息，完成公文归档、信息管理、电子公文公告、会议的网络化、资料统计及办公人员权限管理等系列功能，以提高办公质量和效率。

5. 云平台

云平台是基于云计算技术的资源整合和资源共享的平台。云计算是一种计算方式，它通过互联网将信息资源以服务的形式对外提供，是一种商业模式，各用户系统能够按照需求获取存储空间和软件应用服务等。云平台的应用模式可以分为两种：一种是基于企业或集团内部的"私有云"，另一种是基于互联网的"公有云"。

6. 大数据

大数据，目前还没有明确的定义。最早的概念，是因为信息量过于庞大，无法完整存储在计算机系统中，必须重新设计工具和发展技术来存储和分析信息。在这个大数据时代，我们的生活方式、与世界互动方式、企业决策和经营方式等，都受到挑战。

信息化不仅催生了一个质量要求高，成本要求低，个性化，短、平、快的全球市场，而且深刻地改变了企业的运作和管理模式。它实现信息技术支持下的组织管理，在信息化实施运作过程中进行决策、组织、领导、控制和创新。

【经典考研例题】

请分析大数据和云计算对管理活动可能的影响。（南京大学 2016 年论述题）

【提示】

有利影响：效率、创新等方面；不利影响：员工的反对，对现有的组织制度和组织文化的冲击等。

考点 9　市场化

市场化是指在开放的市场中，用市场机制而非行政命令方式实现资源配置。市场机制主要包括价格机制、供求机制和竞争机制。可以形象地比喻为，配置资源有两只手：一是无形的手，一是有形的手。前者指市场机制，后者指政府或企业的管理者的指挥命令。市场化需要同时确立市场决策者的主体性和市场在资源配置中的作用。

1. 我国的市场化改革大致经历的三个发展阶段

第一阶段是 1979—1992 年，属于改革初期，在社会经济活动中引入市场机制，尊重价值规律的作用。

第二阶段是 1992—2012 年，属于深化改革阶段，确立社会主义市场经济体制改革目标，我国的市场化改革大步推进，改革的核心问题是要处理好政府与市场的关系，社会主义经济运行从计划主导型转为市场主导型。

第三阶段是 2012 年至今，全面深化改革阶段，2012 年党的十八大和 2013 年党的十八届三中全会，我国进入全面深化改革的新时期。在我国市场化改革进程中，市场经济的主体——企业，其主体地位也逐步确立。

2. 企业市场主体地位的确立主要经过的三个阶段

第一阶段是 1978—1986 年，以扩大企业自主权、推行经济责任制和利改税为主要内容。

第二阶段是 1987—1991 年，以推行承包经营责任制、租赁经营责任制和试点股份制、实行所有权和经营权分离为主要内容。

第三阶段是 1992 年以后，以理顺产权关系，转换企业经营机制和建立现代企业制度为主要内容。

考点贴士

考点 7、8、9 以阅读了解为主，这三个考点都是为了突出本书的时代特征而加的，这里也几乎没有出过考题，但可能作为案例分析的考察背景。

【本章补充知识点】

为什么要学习管理学？（罗宾斯《管理学》）

（1）管理工作的普遍性

管理工作的普遍性是指无论组织规模大小，无论在组织的哪个层次上，无论组织的工作领域是什么，无论组织位于哪个国家，管理都是绝对必要的。

（2）工作的现实

①对于渴望成为管理者的人来说，学习管理学可以获得基础知识，有利于他们成为有效的管理者。

②对于不打算从事管理的人来说，学习管理可使他们领悟上司的行为方式和组织的内部运作方式。

（3）成为一名管理者的挑战和回报

①挑战。管理工作可能是艰苦和不引人注意的；管理者（特别是基层管理者）的工作更倾向于文书性质而不是管理性质；而作为一个

管理者，成功通常取决于其他人的工作绩效。

②回报。可以创造一种工作环境，在这种环境中，组织的成员能够充分发挥他们的能力，最有效地从事工作和实现组织的目标；有机会和各种人打交道，包括组织内部和外部的人员；得到承认和获得组织及社区中的地位。

管理者的技能。(周三多《管理学》)

根据罗伯特·卡茨的研究，管理者要具备三项技能：技术技能、人际技能、概念技能。

(1) 技术技能是指运用管理者所监督的专业领域中的过程、惯例、技术和工具的能力。技术技能对于各种层次管理的重要性：技术技能对基层管理最重要，对于中层管理较重要，对于高层较不重要。

(2) 人际技能是指成功地与别人打交道并与别人沟通的能力。人际技能包括对下属的领导能力和处理不同小组之间关系的能力。人际技能对于各种层次管理的重要性：人际技能对于所有层次管理的重要性大体相同。

(3) 概念技能是指把观点设想出来并加以处理以及将关系抽象化的精神能力。概念技能对于各种层次管理的重要性：概念技能对于高层管理最重要，对于中层管理较重要，对于基层管理较不重要。

3. 管理者的角色 (周三多《管理学》)

根据明茨伯格的一项广为引用的研究，管理者扮演着十种角色，可归入三大类：人际关系角色、信息传递角色、决策制定角色。

(1) 人际关系角色。人际角色直接产生自管理者的正式权力基础，管理者在组织成员和其他利益相关者的关系时，扮演的就是人际角色。

①代表人角色。作为管理者须行使一些具有礼仪性质的职责。这时，管理者行使着代表人的角色。

②领导者角色。由于管理者对所在单位的成败负主要责任，他们必须在工作小组内扮演着领导者角色。

③联络者角色。管理者无论是在和组织内的个人或工作小组一起

工作时，还是在建立和外部利益相关者的良好关系时，都起着联络者的作用。

（2）信息传递角色。管理者既是所在单位的信息传递中心，也是组织内其他工作小组的信息传递渠道。管理者必须确保和其他人一起工作的人员有足够的信息，从而能够顺利完成工作。

①监督者角色。作为监督者，管理者持续关注组织内外环境的变化以获取对组织有用的信息。

②传播者角色。管理者把他们作为信息监督者所获取的大量信息分配出去。

③发言人角色。管理者须把信息传递给单位或组织以外的个人。

（3）决策制定角色。管理者负责作出组织的决策，以便让工作小组按照既定的路线行事，并分配资源以保证小组计划的实施。

①企业家角色。管理者对所发现的机会进行投资以利用这种机会。

②干扰应对者角色。管理者必须善于处理冲突或解决问题。

③资源分配者。管理者决定组织资源用于哪些项目。

④谈判者角色。管理者的谈判对象包括员工、供应商、客户和其他工作小组。管理者须进行必要的谈判工作，以确保小组朝着组织目标迈进。

4. 管理学研究方法（周三多《管理学》）

（1）归纳法

归纳法是通过对客观存在的一系列典型事物（或经验）进行观察，从掌握典型事物的典型特点、典型关系、典型规律入手，进而分析研究事物之间的因果关系，从中找出事物变化发展的一般规律。这种从典型到一般的研究方法也称为实证研究。归纳法在管理学研究中应用最广。

（2）试验法

试验法即人为地为某一试验创造一定条件，观察其实际试验结果，再与未给予这些条件的对比试验的实际结果进行比较分析，寻找外加条件与试验结果之间的因果关系。

（3）演绎法

对于复杂的管理问题，管理学家可以从某种概念出发，或从某种统计规律出发，也可以在实证研究的基础上，用归纳法找到一般的规律性并加以简化，形成某种出发点，建立起能反映某种逻辑关系的经济模型（或模式），这种模型与被观察的事物并不完全一致，它反映的是简化了的事实，它完全合乎逻辑的推理，这种方法称为演绎法。

第二章 管理理论的历史演变

复习指导

本章介绍了管理理论的历史演变，从古典管理理论、现代管理流派、当代管理理论三个方面进行讲解，按时间顺序对管理学发展历史上重要的理论进行梳理。考试中以名词解释、简答、论述题为主。

知识框架

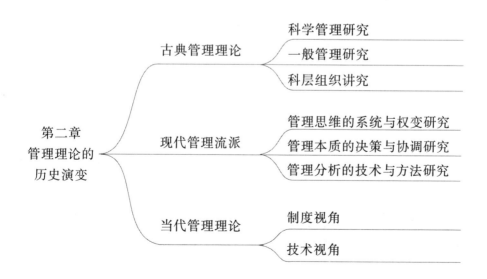

考点精讲

考点 1　科学管理研究——泰勒

科学管理是 20 世纪初在西方工业国家影响最大、推广最普遍的一种管理理论。它包括一系列关于生产组织合理化和生产作业标准化的科学方法及理论依据，是由美国的机械工程师泰勒首先提出并极力推广的，因此通常也被称作泰勒制。

1. 背景

一方面，随着社会生产力的发展和企业数量的增加与规模的扩大，企业管理逐渐要求从传统的经验管理走向科学管理。另一方面，资本对劳动的控制从不完全到完全也要求改进企业管理的方法。

2. 观点

泰勒认为，当时企业的劳动生产率普遍低下，工人每天的实际产量只为他们劳动能力的 1/3，而造成这种状况的原因主要有三个方面：

（1）劳动使用不当，包括工作分配不合理和劳动方法不正确；

（2）工人不愿干或不愿多干，这里面既有工人本性的因素，又有报酬方法上的因素；

（3）企业生产组织与管理方面的原因。

3. 改进措施

（1）改进工作方法，并根据工作的要求挑选和培训工人

①改进操作方法，以提高工效、合理利用工时；

②作业环境与作业条件的标准化；

③根据工作要求，挑选和培训工人。

（2）改进分配方法，实行差别计件工资制

实行差别计件工资制，即在计算工资时，采取不同的工资率，未完成定额的按低工资率付给，完成并超过定额的按高工资率付给。由于完成并超过定额能以较高的标准得到报酬，工人愿意提供更多数量

的劳动。

（3）改进生产组织，加强企业管理

①在企业中设置计划部门，把计划职能和执行职能分开；

②实行职能工长制；

③进行例外管理。

例外管理是指企业的上级主管把一般的日常事务授权给下级管理人员去处理，而自己保留对例外事项或重要问题的决策与监督权。这个原理实际上为后来的分权化管理和事业部制准备了理论依据。

4. 评价

（1）泰勒以自己在工厂的管理实践和理论探索，冲破了产业革命开始以来一直沿袭的传统的经验管理方法，将科学引进了管理领域，并且创立了一套具体的管理方法，为管理理论的系统形成奠定了基础。

（2）泰勒主张将管理职能从企业生产职能中独立出来，使得有人开始从事专职的管理工作，这就进一步促进了人们对管理实践的思考，从而有利于管理理论的发展。

（3）泰勒制在现场生产组织的推广方面也取得了显著的效果。

【补充知识点】

科学管理理论的局限性：

1. 泰勒把工人看成是会说话的机器，只能按照管理人员的决定、指示、命令进行劳动，在体力和技能上受到最大限度的压榨；

2. 科学管理方法也受到历史条件和倡导者个人经历的限制。泰勒主张解决工人的操作问题，生产现场的监督和控制问题，从而使得管理的范围比较小，管理的内容也比较窄，对于企业的供应、财务、销售、人事等方面的活动，基本没有涉及。（参考周三多《管理学》复旦大学出版社第七版）

【经典考研例题】

①例外管理。（中南财经政法大学 2023 年名词解释题）

②简述泰勒的科学管理理论的主要观点。（天津工业大学、海南大学 2023 年简答题）

③简述科学管理理论的主要观点。（西北农林科技大学2020年简答题）

④泰勒制的背景和内容是什么？泰勒制对当代企业管理有什么意义？（南京大学2018年简答题）

⑤自2010年1月富士康员工第一跳起至2010年11月，富士康已发生十多起员工跳楼事件，引起各界的普遍关注。富士康的管理模式也引起了争议，甚至有媒体把富士康的管理称为"铁血管理"。你如何评价富士康的这种管理模式？从富士康的管理中得到什么启示？（南京大学2011年论述题）

【提示】评价从两个方面作答，既要看到这种模式对于提高生产效率的价值，又要看到其压榨员工的一方面。启示可以从尊重员工、分析员工的心理状况等方面进行分析。

⑥科学管理理论的贡献与不足。（北京理工大学2023年简答题）

考点2 一般管理研究——法约尔

1. 经营和管理

法约尔认为，经营和管理是两个不同的概念，管理只是经营的一部分。除了管理，经营还包括技术、商业、财务、安全以及会计等一系列职能。

法约尔指出，组织中不同层次的工作人员都应根据任务的特点，拥有不同程度的六种职能活动的知识和能力。

2. 管理的原则

由于任何组织的活动都存在共同的管理问题，因此人们在管理实践中必然要遵循一系列一致的原则。法约尔根据自己的经验总结了14项管理原则。

（1）劳动分工
（2）权力和责任
（3）纪律
（4）统一指挥

（5）统一领导

（6）个人利益服从整体利益

（7）人员的报酬

（8）集中

（9）等级制度

（10）秩序

（11）公平

（12）人员稳定

（13）首创精神

（14）人员的团结

3. 管理要素

管理原则是在具体的管理活动中被执行的。法约尔认为，管理活动包括计划、组织、指挥、协调和控制五个方面的内容。

（1）计划

计划是管理的一个基本部分，包括预测未来和对未来的行动予以安排。

（2）组织

法约尔主要讨论了人的组织。他指出，在配备了必要的物质资源以后，管理者的任务就是把本单位的人员合理地组织起来，以完成企业的六个基本职能。组织工作包括：选择组织形式，规定各部门的相互关系，选聘、评价和培训工人，等等。

（3）指挥

指挥的任务是让已经建立的企业发挥作用。"对每个领导来说，指挥的目的是根据企业的利益，使他单位里所有的人做出最好的贡献。"

法约尔认为，指挥是一种艺术，领导者指挥艺术的高低取决于自身的素质和对管理原则的理解两个方面。

（4）协调

法约尔认为，协调是一项单独的管理要素，是指"企业的一切工作都要和谐地配合，以便企业经营的顺利进行，并且有利于企业取得成功"。

（5）控制

控制是保证计划目标得以实现的重要手段，是要"证实各项工作是否都与已定计划相符合，是否与下达的指标及已定原则相符合。控制的目的在于指出工作中的缺点，以便加以纠正并避免重犯"。

4. 评价

一般管理理论在内容上的系统性、逻辑上的严密性以及它对管理工作普遍性的认识使得它在稍后的时间里得到了普遍的认可。孔茨甚至认为法约尔是"现代管理理论的真正创始人"，法约尔提出的许多概念、术语和原理在现代管理学中被普遍继承和运用。

【补充知识点】

一般管理理论的局限性：

1. 理论体系中一定程度忽视了决策职能和人事管理。

2. 法约尔提出的具体的职能和原则有待于进一步研究，加以修正和发展。

【经典考研例题】

①简述法约尔的一般管理理论。（四川农业大学 2020 年、西北农林科技大学 2021 年简答题）

②一般管理理论的内容及局限。（北京理工大学 2020 年、哈尔滨工程大学 2021 年简答题）

③论述泰勒和法约尔理论观点的不同。（电子科技大学 2020 年简答题）

④法约尔的 14 项管理原则。（湘潭大学 2021 年论述题）

⑤如何理解法约尔关于经营和管理两个概念的差异？（南京师范大学 2017 年简答题）

⑥简述法约尔对经营和管理的分析。（南昌大学 2023 年简答题）

考点 3　科层组织研究——韦伯

与历史上的其他组织类型相比，科层组织是最理想的组织形式。这是学者韦伯在深入思考和比较分析后得出的结论。

1. 理想的科层组织体系

科层组织或科层制度，通常亦被译为官僚组织、官僚政治，是一种通过公职或职位，而不是通过世袭或个人魅力来进行管理的理想的组织制度。

韦伯指出，科层组织是依照下述规则来建立和组织运行的：

（1）按行政方式控制的机构的目标所要求的日常活动，是作为正式职责来分配的；

（2）执行这种职责所需要的权力是按一种稳定的方式来授予的，并且由官员能加以控制地采用某种强制手段来严格限制；

（3）对于正常而继续地履行职责来行使相应的权力的方法有所规定：只有按一般规定符合条件的人才被雇佣。

按照这三个原则，便可在国家管理的领域构建一种官僚（科层）组织体系的机关，在私营经济领域建立一种科层组织体系的企业。

2. 权力的类型

韦伯认为，为社会所接受的合法的权力有三种类型：

（1）传统型权力

传统型权力建立在对于习惯和古老传统的神圣不可侵犯性要求之上。这是一种由族长或部落首领来行使的权力。臣民或族人之所以服从，是基于对神圣习惯的认同和尊重。

（2）个人魅力型权力

个人魅力型权力是建立在对某个英雄人物或某个具有神赋天授品质的人的个人崇拜基础之上的权力。

（3）法理型权力

法理型权力的依据是对标准规则模式的合法化的信念，或对那些按照标准规则被提升到指挥地位的人的权力的信念。这是一种对由法律确定的职位或地位的权力的服从。

韦伯认为，只有法理型权力才能成为科层组织的基础，因为这种权力具有下述特征：

（1）为管理的连续性奠定了基础。因为权力是赋予职务而不是个人的，因此权力的运用不会因领导人的更换而中断。

（2）合理性。担任职务的人员是按照完成任务所需的能力来挑选的。

（3）领导人可以借助法律手段来保证权力的行使。

（4）所有权力都有明确的规定，而且是按照组织任务所必需的职能加以详细划分的。

【经典考研例题】

①韦伯的理想的官僚组织。（湘潭大学 2021 年简答题）

②韦伯理想行政组织评价、贡献。（哈尔滨工业大学 2019 年简答题）

③马克斯·韦伯的官僚行政组织理论的内容。（东北大学 2020 年简答题）

考点 4　管理思维的系统与权变研究

管理首先是一种思维方式。管理者是在一定思维方式的影响下选择和组织管理活动的。影响管理者思考管理问题的基本方式是系统思维和权变思维，即从系统的角度和权变的角度考虑解决管理问题的对策和方法。

1. 管理思维的系统观

巴纳德写作和发表了大量著述，被后人称为社会系统学派的创始人。在《经理人员的职能》这本书中，巴纳德研究了系统的特征及构成要素，并分析了经理人员的任务和作用。

（1）组织是一个协作系统

巴纳德认为，"组织是两个或两个以上的人有意识协调活动和效力的系统"。要将这个系统作为整体来看待，因为其中每个组成部分都以一定的方式同其他部分相联系。

（2）协作系统的三个基本要素

巴纳德认为，作为正式组织的协作系统，不论其规模大小或级别高低，都包含了三个基本要素，即协作的意愿、共同的目标和信息的沟通。

（3）经理人员的职能

巴纳德认为，经理人员在组织中的作用就是在信息沟通系统中作为相互联系的中心，并通过信息沟通来协调组织成员的协作活动，以保证组织的正常运转，实现组织的共同目标。具体来说，经理人员的职能主要有三项：①建立和维持一个信息系统。②从不同的组织成员那里获得必要的服务。③规定组织的共同目标，并用各个部门的具体目标加以阐明。

【经典考研例题】

①社会系统学派的观点。（哈尔滨工程大学 2015 年简答题）

②简述社会系统学派的组织理论。（山东大学 2004 年简答题）

③社会系统理论的主要观点。（南京大学 2002 年论述题）

2. 管理思维的权变观

（1）权变管理理论的主要观点：组织的性质不同、使命不同、活动特点不同、所处环境不同，在管理活动中选择的技术与方法也各有不同。组织管理要根据内外条件随机应变。

（2）管理与环境的关系：管理技术与方法同环境因素之间存在一种函数关系，企业管理要随环境的变化而变化。如果出现某种环境情况，就要采用某种管理思想、方式和技术，这样才能更好地达成组织目标。

（3）权变学派的管理学家及其理论观点：莫尔斯和洛什的"超 Y 理论"，费德勒的权变领导模型等。

【经典考研例题】

①简述权变管理理论。（中央财经大学 2023 年简答题）

②请简述权变管理理论的内容。（西南林业大学 2021 年简答题）

考点5　管理本质的决策与协调研究

1. 管理本质的决策研究

（1）管理就是决策，决策贯穿于整个管理过程

西蒙等人认为，决策是组织及其活动的基础。组织的全部活动都是集体活动，对这种活动的管理实质上是制定一系列决策。

（2）决策过程

管理的实质是决策。决策并非一些不同的、间断的瞬间行动，而

是由一系列相互联系的工作构成的一个过程。这个过程包括四个阶段的工作：①情报活动。②设计活动。③抉择活动。④审查活动。

（3）决策的准则

人们在决策时，不能坚持要求最理想的解答，常常只能满足于"足够好的"或"令人满意的"决策，由于人们没有求得"最优解"的才智和条件，所以只能满足于"令人满意的"这一准则。

（4）程序化决策和非程序化决策

程序化决策是指针对例行活动中可用既定的程序而不需重新研究的问题所采用的决策。非程序化决策是解决非例行活动中未发生过、性质和结构尚未明确、需要个别处理的问题时所采用的决策。西蒙用心理学的观点和运筹学的手段，提出了一系列指导企业管理人员处理非例行化、非程序化决策的技术。

【经典考研例题】

①简述程序化决策与非程序化决策的区别。（四川大学 2011 年简答题）

②如何理解管理学者西蒙提出的观点：管理就是决策？（烟台大学 2019 年简答题）

③决策理论学派的主要观点。（吉林大学 2020 年简答题）

④为什么决策采取满意化原则而非最优化原则？（电子科技大学 2019 年简答题）

2. 管理本质的协调研究

（1）组织的协调机制

明茨伯格认为，组织管理的基本问题是分工和协调：通过分工，组织把目标活动分派给组织的不同成员，以便于执行；通过协调，组织使不同时空工作的组织成员的活动构成一个整体，从而保证组织任务的完成。

明茨伯格提出的六种基本的机制：

①相互调适。

②直接监督。

③工作程序标准化。

④成果标准化或产出标准化。

⑤技术（技能）以及知识标准化。

⑥规范标准化。

这六种协调机制在时间上相继出现，在空间上也可能同时并存。

（2）组织的基本构成部分

明茨伯格提出了组织的六个构成部分：

①工作核心层。

②战略高层。

③直线中层。

④技术官僚。

⑤支援幕僚。

⑥意识形态或文化。

（3）组织结构的基本形态

明茨伯格认为，上述六个部分的不同组合，形成了组织结构的七种基本形态：创业型组织（简单结构）、机械型组织、多角化组织（分布式结构）、专业型组织、创新型组织（特别小组）、使命型组织以及政治型组织。

考点6 管理分析的技术与方法研究

1. 管理就是制定和运用数学模型与程序的系统，即通过对企业的生产、采购、人事、财务、库存等职能间相互关系的分析，然后用数学符号和公式来表示计划、组织、控制等合乎逻辑的程序，求出最优的解答，以达到企业的目标。

2. 凡以管理为研究对象的科学都可称为管理科学，它主要与将定量方法运用于管理活动的研究有关，所以通常也被称为管理的数量学派或运筹学派。

3. 管理科学在研究组织活动的管理时是以下述假设为前提的：组织成员是经济人、组织是一个追求经济效益的系统、组织是由作为操作者的人同物质技术设备所组成的人机系统、组织是一个决策网络。

4. 在组织的管理过程中应该发展许多数量分析方法和决策技术，如盈亏平衡分析、库存控制模型、决策树、网络计划技术、线性规划、动态规划、排队论、对策论等。

考点7 制度视角的研究：新制度学派的组织趋同理论

在管理学研究中引用越来越多的社会学中组织研究的新制度学派从制度环境的影响这个角度剖析了组织的趋同现象，并用合法性的逻辑解释了组织趋同现象的生成机制。

1. 组织趋同的现象观察

根据新制度理论，组织行为的选择受到组织外部环境特点的影响，这个环境不仅包括技术环境，而且包括制度环境。

2. 组织趋同的原因分析："合法性"释义

合法性机制是新制度学派解释组织趋同现象的重要逻辑。追求合法性的过程不仅涉及法律制度的作用，也包括文化、观念、社会期待等制度环境对组织行为的影响。

合法性机制是指制度环境诱使或迫使组织采纳被外部认同的组织结构和行为的作用机制。这个机制可以在多层面发挥作用，如可以塑造社会事实，从而对所有社会成员产生影响，也可能只在某一行业、领域中发挥作用。

合法性机制对于组织行为的影响可能表现为"强意义"，也可能表现为"弱意义"。前者强调组织行为和组织形式都是制度所塑造的，组织或个人本身没有自主选择；后者则认为制度通过激励机制来诱导组织及其成员的趋同性选择。

考点8 技术视角的研究：企业再造理论

业务流程再造也被称为业务流程重组和企业经营过程再造，是针对企业业务流程的基本问题进行反思，并对它进行彻底的重新设计，以在成本、质量、服务和速度等当前衡量企业业绩的这些重要方面取得显著的进展。该理论是由美国的哈默和钱皮提出的，并将其引入西方企业管理领域。

1. 流程再造的原则

业务流程再造强调以业务流程为改造对象和中心、以关心客户的需求和满意度为目标，对现有的业务流程进行根本的再思考和彻底的再设计，利用先进的制造技术、信息技术以及现代化的管理手段，最大限度地实现技术上的功能集成和管理上的职能集成，以打破传统的职能型组织结构，建立全新的过程型组织结构，从而实现企业经营在成本、质量、服务和速度等方面的巨大改善。

哈默提出了业务流程再造的七个原则：

（1）围绕结果而不是任务进行组织。

（2）让使用流程最终产品的人参与流程的进行。

（3）将信息加工工作合并到真正产生信息的工作中去。

（4）对于地理上分散的资源，按照集中在一起的情况来看待和处理。

（5）将并行的活动联系起来而不是将任务集成。

（6）在工作被完成的地方进行决策，将控制融入流程中。

（7）在信息源及时掌握信息。

2. 业务流程再造过程

业务流程再造由观念再造、流程再造、组织再造、试点和切换、实现愿景目标五个关键阶段组成，其中流程再造占主导地位，每个层次内部又有其各自相应的步骤过程，各层次之间也彼此联系、相互作用。

【经典考研例题】

①什么是业务流程再造？简述业务流程再造的基本过程。（湘潭大学 2015 年简答题）

②业务流程再造的关键阶段有哪些？（中国科学技术大学 2013 年简答题）

【本章补充知识点】

"行为科学"的早期理论——人群关系论（人际关系学说）

人群关系论的代表人物是埃尔顿·梅奥。梅奥提出管理学界重视的"霍桑试验"。其目的是要找出工作条件对生产效率的影响，以寻求提高劳动生产率的途径。霍桑试验过程：

首先从变化现场工作的照明强度着手。研究人员将参加工作的工人分成两组，一组为试验组，一组为控制组。控制组一直在平常的照明强度下工作，而试验组则给予不同的照明强度。当试验组的照明强度逐渐增大时，试验组的生产增长比例与控制组大致相同，当试验组的照明强度逐渐降低时，试验组的产量明显下降。试验表明，照明度的一般变化，不是影响生产率的决定因素。后来又进行了其他方面的试验。

霍桑试验主要分为四个阶段：照明试验、继电器装配工人小组试验、大规模访问交谈试验、对接线板接线工作室的研究。

梅奥等人得出的主要结论：生产效率不仅受物理的、生理的因素影响，而且受社会环境、社会心理的影响。这一点是与科学管理的观点截然不同的。

梅奥等人在霍桑试验的基础上，提出人群关系理论（人际关系学说）。其主要内容有：

①企业的职工是"社会人"。认为人不是孤立存在的，而是属于某一工作集体并受这一集体影响（"社会人"假说）。

②满足员工的社会欲望，提高员工的士气，是提高生产效率的关键。

③企业中存在着一种"非正式组织"。人群关系论者认为：企业职工在共同工作、共同生产中，必然产生相互之间的人群关系，产生相同的感情，自然形成一种行为准则或惯例，要求个人服从，这就构成了"非正式组织"。

④企业应采用新型的领导方法。新型的领导方法，主要是要组织好集体工作，采取措施提高士气，促进协作，使企业的每个成员能与

领导真诚持久的合作。员工的满意度受到各种情绪的影响，作为领导者，不仅要关注生产效益和顾客需求，还应同时对员工的工作情绪予以关注，努力从工作环境的改善、员工精神追求、职业生涯发展需求等各方面减轻员工对组织的不满情绪，提高员工满意度。

霍桑试验表明，重视员工满意度是管理的重要工作之一，员工不是机器。

第三章　决策与决策过程

复习指导

本章讲解管理的决策职能，主要包括决策及其任务、决策的类型与特征、决策的过程与影响因素三部分内容，考试中以选择、名词解释、简答、论述题为主。

知识框架

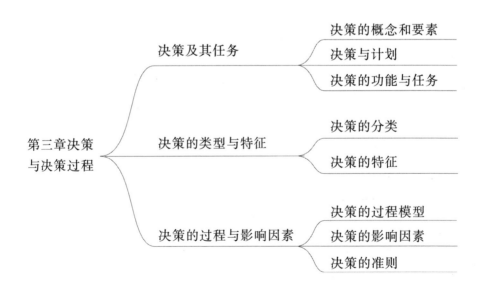

考点 1　决策的概念和要素

1. 决策的概念

狭义的决策是一种行为，是在几种行动方案中做出选择。如果只有一个方案，就没有选择的余地，也就无所谓决策。决策要求提供可以相互替代的两个以上的方案。

广义的决策是一个过程，包括在做出最后选择之前必须进行的一切活动。

（1）决策的前提，是为了解决某个问题，实现一定的目标。

（2）有决策的条件，有若干可行方案可供选择。

（3）需要对方案进行分析比较，确定每一个方案对目标的贡献程度和可能带来的潜在问题，以明确每一个方案的利弊。

（4）决策的结果，即在众多可行方案中，选择一个相对满意的行动方案。总之，决策是指为实现一定的目标，在多个备选方案中选择一个方案的分析判断过程。

2. 决策的要素

决策要素可分为有形要素和无形要素。

（1）决策主体

这是决策构成的核心要素，可以是单个决策者，也可以是多个决策者组成的群体。

（2）决策制度

决策制度包括决策过程中人员的安排，如职务和职位等。

（3）决策方案

决策方案指可供决策主体选择的行动方案。

（4）组织目标

组织目标是组织在一定时期内所要达到的预期成果，为决策提供方向。

（5）不确定性情境

不确定性情境指决策中虽然对最终结果产生影响但不能直接由决策主体控制的部分。

【经典考研例题】

①决策。（海南大学 2023 年、西北农林科技大学 2020 年名词解释题）

②决策的要素及其内容。（哈尔滨工程大学 2020 年简答题）

考点 2 决策与计划

1. 决策与计划工作往往相互渗透、紧密联系并交织在一起。确定组织目标和拟定实现目标的总体行动计划是计划工作的首要职能，而确定组织目标和拟定行动计划的过程，其实质就是决策。

2. 决策为计划的任务安排提供了依据，计划则为决策所选择的活动和活动方案的落实提供了实施保证。通常，计划工作与决策工作密不可分。

3. 计划工作中的目标确定、任务分配、时间安排、资源配置、行动方案选择等都是不同层次的决策工作。其中目标的确定是最高层次的决策，而其他的则是常规性的决策。

考点 3 决策的功能与任务

1. 决策的功能

从组织层面看，决策能够为组织确立明确的方向。管理是为了实现某一目标而协调不同成员行为的活动，对管理目标的决策可以为管理活动指明方向。

从个体层面看，决策可以激发组织成员的积极性。有效的决策，可以激发成员的工作热情、干劲，通过决策方案的确定，达到激励人奋斗的作用。

2. 决策的任务

从外部环境视角看，决策的任务是让组织灵活适应外部环境的变化。组织总是在一定的环境中进行某种活动的，这个环境又是在不断变化的。

从组织内部视角看，决策的任务还包括调整和优化组织管理体系。

考点4 **决策分类**

1. 根据环境可控程度的分类

根据环境的可控程度，决策问题可分为三种类型，即确定型决策、风险型决策和不确定型决策。

（1）确定型决策

决策者掌握准确、可靠、可衡量的信息，能够确切地知道决策的目标以及每一备选方案的结果，常常可以很容易地迅速对各个方案进行合理的判断。

（2）风险型决策

决策者虽不能准确地预测出每一备选方案的结果，但因拥有较充分的信息而能预知各备选方案及其结果发生的可能性。此时的决策问题就是如何对备选方案发生的概率做出合理估计，选择出最佳方案。

（3）不确定型决策

因面对不可预测的外部条件或缺少所需信息而对备选方案或其可能结果难以确切估计，大多数工商企业面临的决策问题都是这种类型。这种不确定性的因素主要来自两个方面：一是决策者无法获得关键信息，二是无法对行动方案或其结果做出科学的判断。

决策问题大多是风险型的和不确定型的，面对此类决策，决策者常常处于一种难以取舍的两难困境。管理研究与管理实践中不断发展形成的科学决策方法则在很大程度上使风险型和不确定型问题转化成了确定型问题，从而有利于做出科学决策。

2. 根据决策问题的分类

从决策所涉及问题来看，决策可以分为程序化决策和非程序化决策两种类型。

程序化决策即在问题重复发生的情况下，决策者通过限制或排除行动方案，按照书面的或不成文的政策、程序或规则所进行的决策。这类决策要解决的具体问题是经常发生的，解决方法是重复的、例行的程序。

非程序化决策旨在处理那些不常发生的或例外的非结构化问题。如果一个问题因其不常发生而没有引起注意，或因其非常重要或复杂而值得给予特别注意，就有必要作为非程序化决策进行处理。

3. 根据决策主体的分类

根据主体的不同，决策可以分为个体决策和群体决策。

群体决策具有以下明显优点：

（1）有利于集中不同领域专家的智慧，应对日益复杂的决策问题。

（2）能够利用更多的知识优势，借助更多的信息，形成更多的可行性方案。

（3）具有不同背景、经验的不同成员在选择收集的信息、要解决问题的类型和解决问题的思路上往往都有很大差异，他们的广泛参与有利于提高决策时考虑问题的全面性。

（4）容易得到普遍的认同，有助于决策的顺利实施。

（5）有利于使人们勇于承担风险。

缺点：

一方面是速度、效率可能低下。群体决策鼓励各个领域的专家、员工的积极参与，力争以民主的方式拟定出最满意的行动方案。但在这个过程中，也可能陷入盲目争论的误区之中，既浪费了时间，又降低了速度和决策效率。

另一方面是有可能为个人或子群体所左右。在实际决策中，很可能出现以个人或者群体为主发表意见、进行决策的情况。同时，不可否认，群体决策中也有可能出现更关心个人目标的情况。

【补充知识点】

个体决策

1. 个体决策是指决策主体是单个个人，由某一个人分析情况、提出决策方案并作出决定的决策方式。

2. 个体决策的优点：①职责明确，能有效杜绝互相推诿、不负责任的不良作风；②权力集中，因而行动迅速有力；③费时较少，降低了决策成本，亦即在一定程度上提高了管理效益。

3. 个体决策的缺点：①个人的学识、经验、才干、精力和要处置的复杂问题可能构成鲜明落差；②个人权力过分集中可能导致有效监督失效；③个人性格的薄弱处可能在关键时刻无法得到有力弥补；④个人权重一时可能挫伤下属参与管理的积极性，使民主管理风气不易形成，还可能使阿谀奉承者乘隙迎合等。

【经典考研例题】

①确定型、非确定型、风险型决策的区别。（哈尔滨工程大学2019年、电子科技大学2018年简答题）

②怎样理解程序化决策和非程序化决策的差异？（哈尔滨工业大学2015年简答题）

③非程序化决策。（河北大学2016年名词解释题）

④群体决策和个体决策有何异同。（首都经济贸易大学2020年简答题）

⑤简述为什么集体决策要优于个人决策？（西南林业大学2021年论述题）

考点5　决策的特征

1. 目标性

任何决策都包含着目标的确定。

2. 可行性

任何决策方案的实施都离不开资源的支撑，要充分考虑其实施条件与资源的限制。

3. 动态性

从权变理论角度看，没有一成不变的、普遍适用的、最好的管理理论和方法，一切应取决于当时的既定情况。

4. 整体性

整体性有两层含义：一是决策涉及组织全体成员，决策方向和具体方案实施是组织全体成员共同的责任；二是决策内容要兼顾组织各个方面，确保组织各部门和单位彼此在工作上的均衡与协调。

5. 创造性

任何决策都需要不同程度的创造性思维。

考点6　决策过程模型

决策过程通常包括识别问题，诊断原因，确定目标，制定备选方案，评价、选择方案以及实施和监督六个阶段的工作。

1. 识别问题

识别问题就是要找出现状与预期结果的偏离。

2. 诊断原因

识别问题不是目的，关键还要根据各种现象诊断出问题产生的原因，这样才能考虑采取什么措施，选择哪种行动方案。

3. 确定目标

找到问题及其原因之后，应该分析问题的各个构成要素，明确各构成要素的相互关系并确定重点，以找到本次决策所要达到的目的，即确定目标。

4. 制定备选方案

明确了解决问题要达到的目标后，决策者要找出约束条件下的多个可行方案，并对每个行动方案的潜在结果进行预测。

5. 评价、选择方案

决策者通常可以从以下三个主要方面评价和选择方案：

（1）行动方案的可行性。即组织是否拥有实施这一方案所要求的资金和其他资源，是否同组织的战略和内部政策保持一致，能否使员工全身心地投入决策的实施中去，等等。

（2）行动方案的有效性和满意程度。即行动方案能够在多大程度上满足决策目标，是否同组织文化和风险偏好一致，等等。

（3）行动方案在组织中产生的结果。即方案本身的可能结果及其对组织其他部门或竞争对手现在和未来可能造成的影响。采用统一客观的量化标准进行衡量，有助于提高评估和选择过程的科学性。

6. 实施和监督

（1）宣布决策并为其拟采取的行动制定计划、编制预算。

（2）和参与决策实施的管理人员沟通，对实施决策过程中的具体任务进行分配，并制定一系列备选方案。

（3）对与决策实施有关的人员进行激励和培训。

（4）对决策的实施情况进行监督。及时修正方案或目标，从而全部或部分重复执行以上决策过程。

【经典考研例题】

①简述决策的过程。（辽宁大学 2023 年、吉林大学 2023 年、浙江工商大学 2021 年简答题）

②简述决策的步骤。（西北农林科技大学 2020 年简答题）

③以考研过程中选择报考院校为例，简述决策的步骤。（安徽师范大学 2018 年简答题）

考点7 决策的影响因素

1. 环境

环境是组织生存与发展的土壤，环境变化往往是导致企业进行变革决策的一个最直接的原因。

2. 组织的历史

决策通常不是在一张白纸上描绘组织的未来蓝图，而是在一定程度上对组织先前的活动进行调整。因此，组织过去活动的特点、过去决策的依据以及过去决策在实施过程中遇到的问题都会在不同程度上影响组织今天的选择。

3. 决策者的特点

决策者的个人特点对组织未来行动方案的选择有着至关重要的影响。决策者的职能背景会影响对不同活动相对重要性的判断；决策者的风险意识会影响对具有不同风险程度的行动方案的接受；决策者过去职业生涯中的成功或失败则可能影响他们对不同行动方案的赞同或厌恶。

4. 组织文化

决策通常会带来变革。人们对待组织变化或变革的态度，在根本上取决于组织文化的特点，取决于组织文化所创造的价值观念和行为准则。

【经典考研例题】

影响组织决策的因素有哪些？（广州大学 2022 年、中国海洋大学 2018 年、电子科技大学 2020 年简答题）

考点8　决策的准则

1. 提高决策效率和效果的准则

（1）重要性原则

决策者必须分清重点，对解决问题的优先次序和应当投入的时间、精力、资金等资源的数量做出判断。重要性原则的体现之一就是靠近问题，即在尽可能地靠近问题产生或机会出现的地方进行决策，将会更容易、更便捷地获取真实信息，快速地做出并实施决策。

（2）准确性原则

准确性原则首先要求提供准确的信息。在信息准确的基础上，决策者必须建立起明确的决策目标，以便确定努力方向，在进行方案抉择时提供参考标准，同时有利于决策者对决策实施的最终效果进行监督和评价。此外，准确性原则还要求运用精确的工具和方法去衡量决策的实施结果，以保证准确地控制。

（3）灵活性原则

在复杂的环境中，决策要能适应组织调整或外部变化，即具备灵活性。灵活性还意味着管理者能即时获取所需信息，从而及时采取行动。

2. 不确定性情境下决策方案选择准则

不确定性情境下，决策方案的选择有四个基本准则：

（1）乐观准则，即决策者认为无论他们采取什么措施，无论别人采取何种策略，事情总是朝着对自己最有利的方向发展。

（2）悲观准则，即决策者认为无论他们采取什么措施，无论别人采取什么策略，环境如何变化，事情总是朝着最坏的方向发展。因此，他们估计每个方案的最坏结果，并在最坏结果中选择他们认为最好的行动方案。

（3）等概率准则，即决策者认为各个可行方案的各种可能结果发生的概率相同，进而选择期望值最大的行动方案的准则。

（4）最小后悔准则，即决策者总是选择与最好结果偏离不大的行动方案。

这是介于乐观准则和悲观准则之间的一个决策准则。按照这一准则，决策者需要先构造出一个机会损失矩阵，然后从机会损失矩阵的每一行中选出最大的机会损失，再从选出的机会损失中选择最小的机会损失，其所对应的方案就是最满意方案。

第四章 环境分析与理性决策

复习指导

本章主要包括组织内外部环境要素、理性决策与非理性决策、决策方法三部分。考试中以名词解释、简答和论述题为主，部分高校会考察案例分析题和计算题。

知识框架

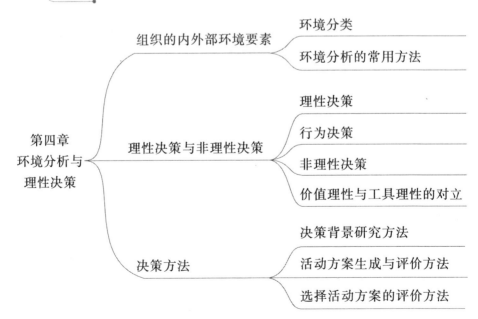

考点1 环境分类

环境分成三大层次或三个大类，即一般或宏观环境、具体或微观环境以及组织内部环境。

1. 一般或宏观环境

一般或宏观环境是指任何时期对所有组织均能产生影响的外部环境因素。主要包括：

（1）经济环境

经济环境因素是指组织运行所处经济系统的情况，如国内外的经济形势、政府财政和税收政策、银行利率、物价波动、市场状况等。

（2）技术环境

科技是第一生产力。技术的含义很广，它既包括生产技术（如劳动手段、工艺流程的改进、发展与完善，特别是新技术、新设备、新工艺、新材料、新能源的生产与制造等），也包括管理技术（如管理方法、计划决策方法、组织方法及推销方法的改进与更新等），还包括生活技术、服务技术等内容。

（3）社会环境

风俗习惯、文化传统、受教育程度、价值观念、道德伦理、宗教信仰、商业习惯等构成了一个组织所处的社会环境。

（4）政治法律环境

政治法律环境因素是指政治制度、政治形势、国际关系、国家法律和法令、政府政策等。

（5）自然资源

自然资源因素与企业的厂址选择、原材料供应、产品输出、设备和生产技术的应用等众多方面都有着紧密的关系。

2. 具体或微观环境

具体或微观环境指那些对组织的影响更频繁、更直接的外部环境因素，是与某一具体的决策活动和处理转换过程直接相关的各种特殊力量，是那些与组织目标的制定与实施直接相关的因素。

（1）顾客

顾客是那些购买企业产品或服务的个人或组织。

（2）供应商

供应商是组织从外部获取投入的来源。

（3）竞争者

与本企业竞争资源的其他组织就是竞争对手。

（4）管制机构

微观环境中包含的管制机构与宏观环境中的政治法律环境不同。这种管制机构主要有两类：一类是能够直接影响和控制企业行为的机构，另一类是一些社会公众机构。

（5）战略同盟伙伴

企业之间存在竞争，也存在合作。企业与企业之间可以结成战略同盟，企业与科研院校、政府部门也可以在某一共同利益的联系下结成战略同盟。

3. 组织内部环境

内部环境是那些对组织影响最频繁、最直接的环境因素，也可以认为组织内部环境因素就是组织的一部分，它直接影响组织的日常运营、生存和发展。

（1）物质环境

组织内部的物质环境是指组织内部的资源拥有情况和利用情况。组织内部的物质环境直接影响组织利用资源的情况和效果，组织中资源环境包括人力、物力、财力三种。

（2）文化环境

组织文化是指组织及其成员的行为方式以及这种方式所反映的被组织成员共同接受的信仰、价值观念及准则。组织文化环境对组织成员及其活动会产生重要影响，包括影响组织成员个人士气和积极性、影响组织成员群体的向心力、影响组织的外部形象，最终影响组织的绩效。

4. 环境各层次间的关系

（1）组织的管理者通常将大量注意力集中于组织的具体环境和内部环境，因为具体环境、内部环境与一般环境相比更能直接地给组织提供有用的信息，更易识别。一般环境因素虽然不直接影响组织的经营决策，其对组织的改变往往通过具体环境因素对组织产生作用力表现出来。

（2）在组织管理中，一般环境和具体环境是相对的，还可以相互转化。

【经典考研例题】

①组织具体环境分析。（电子科技大学 2017 年论述题）

②管理一般环境分析。（哈尔滨工程大学 2017 年论述题）

考点 2　环境分析的常用方法

1. 一般环境分析方法——宏观环境的分析（PEST 分析）

一般环境分析中最常见的是 PEST 分析方法。PEST 分析，就是指从政治与法律环境、经济环境、社会与文化环境、技术环境四个方面来探察、认识影响组织发展的重要因素。

PEST 分析 主要方面	主要内容
人口	人口的地理分布、就业水平、收入水平、年龄、文化差别等
经济	增长率、政府收支、外贸收支及汇率、利率、通货膨胀率等
政策与法律	环境保护、社会保障、反不正当竞争法以及国家的产业政策
社会与文化	公民的环保意识、消费文化、就业观念、工作观念等
科学技术	高新技术、工艺技术和基础研究的突破性进展

PEST 分析通常要借助各种经济、社会以及其他相关学科已有的研究成果，但在这些成果的基础上有必要对与组织有关的问题进行进一步研究。由于一般环境分析需要借助许多相关学科的知识，而每个组织的情况又有很大差别，因此分析没有通用的和一般性的方法，需要具体问题具体对待。

考点贴士

PEST 分析法是一种分析外部环境的宏观分析方法，涉及的因素对组织的影响是间接的。

2. 具体环境分析方法——波特五力模型

具体环境对组织的影响更直接、更频繁，因而是组织分析外部环境的焦点。

迈克尔·波特提出的五种力量模型是一种有效的分析方法。

迈克尔·波特发现，在企业经营环境中，能够经常为企业提供机会或产生威胁的因素主要有五种，分别来自本行业中现有的其他企业、卖方（供应商）、买方（顾客）、其他行业之中的潜在进入者和替代产品。

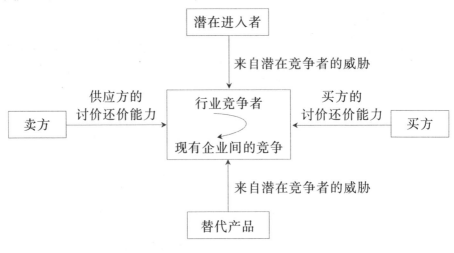

图 4-1 五种力量模型

（1）分析潜在进入者，即从进入障碍的角度来进行潜在竞争者分析。进入障碍，是指行业外部的企业进入这一领域时必须付出的，而行业内企业无须再付出的一笔损失。显然，进入障碍越大，潜在进入者的威胁越小。除进入障碍之外，行业的吸引力、行业发展的风险和行业内企业的集体报复可能性等，都影响着进入威胁的大小。

（2）分析替代产品，即识别替代威胁。替代，是指一种产品在满足顾客某一特殊需求或多种需求时取代另一种产品的过程。替代产品的存在扩大了顾客的选择余地。短期看，一种产品的价格和性能都受到替代产品的限定；长期看，一种产品或行业的兴起有可能导致另一种产品或行业的消失。

（3）分析买方和卖方议价实力，即评估买方和卖方掌控交易价格的能力。企业与顾客和供货方之间既存在合作，又存在利益冲突。交易双方在交易过程中总希望争得对自己有利的价格，而价格的变化在使一方获得超额收益的同时，直接导致另一方的损失。在具体的交易活动中，影响议价实力的因素很多，如交易洽谈的地点、人员素质、日程安排等。从行业层面看，交易双方的议价实力受到一些行业特征的制约。

（4）分析行业竞争者，即对竞争对手的现状和未来进行分析。同种产品的制造和销售通常不止一家，多家企业生产同种产品，必然会采取各种措施争夺用户，从而形成市场竞争。对行业内部要分析主要竞争者的基本情况、对本企业构成威胁的原因以及分析竞争对手的发展动向。

迈克尔·波特的五种力量模型能帮助人们深入分析行业竞争压力的来源，使人们更清楚地认识到组织的优势和劣势，以及组织所处行业发展趋势中的机会和威胁。

【补充知识点】

波特五力模型的局限性

五力模型更多的是一种理论思考工具，而非可以实际操作的战略工具。该模型的理论是建立在以下三个假定基础之上的：

①制定战略者可以了解整个行业的信息，显然在现实中是难以做

到的；

②同行业之间只有竞争关系，没有合作关系。但在现实中企业之间存在多种合作关系，不一定是你死我活的竞争关系；

③行业的规模是固定的，因此，只有通过夺取对手的份额来占有更大的资源和市场。但在现实中企业之间往往不是通过吃掉对手而是与对手共同做大行业的蛋糕来获取更大的资源和市场。同时，市场可以通过不断的开发和创新来增大容量。

因此，要将波特的五力模型有效地用于实践操作，以上在现实中并不存在的三项假设就会使操作者要么束手无策，要么头绪万千。另外，五力模型只是考察了外部环境中的行业竞争环境，没有考虑到政府、文化、法律等宏观环境的影响，因而在进行环境分析方面也是不完全的。

【经典考研例题】

①简述波特五力模型。（华东理工大学 2023 年、广东外语外贸大学 2022 年、安徽大学 2021 年、湘潭大学 2020 年、南京航空航天大学 2018 年简答题）

②请简述迈克尔·波特（Michael E. Porter）提出的"五力模型"，并分析叙述其在现代企业组织管理过程中的应用。（中国人民大学 2014 年论述题）

3. 内外部环境综合分析方法

SWOT 分析是最常用的内外部环境综合分析技术，是由哈佛大学的安德鲁斯等人提出的一种分析方法。SWOT 分析是优势、劣势、机会、威胁分析法的简称。这种方法把环境分析结果归纳为优势、劣势、机会、威胁四部分，形成环境分析矩阵。

SWOT 分析之所以能广泛地应用于各行各业的管理实践中，成为最常用的管理工具之一，原因在于：

（1）它把内外部环境有机地结合起来，进而帮助人们认识和把握内外部环境之间的动态关系，及时地调整组织的经营策略，谋求更好的发展机会。

（2）它把错综复杂的内外部环境关系用一个二维平面矩阵反映出来，直观而且简单

（3）它促使人们辩证地思考问题。优势、劣势、机会和威胁都是相对的，只有在对比分析中才能识别。

（4）SWOT 分析可以形成多种行动方案供人们选择，加上这些方案又是在认真对比分析基础上产生的，因此可以提高决策的质量。

【经典考研例题】

①试述 SWOT 分析的内容以及在现实中如何应用。（上海大学 2018 年简答题）

②简述 SWOT 分析方法，并予以评价。（中国海洋大学 2023 年简答题）

4. 针对环境变化的分析方法

脚本法（又称情景分析法或前景描述法），原意是情景分析。在环境分析中，一种或一组情况也可被称为一个脚本；在组织各项决策中，一个脚本就是一个决策方案。显然，方案脚本以环境脚本为基础，即先形成环境脚本，再根据环境脚本形成决策的方案脚本。

脚本法的优点在于，它能够开阔企业管理者的思路，扩展他们的视野，提高他们对环境威胁的警惕，使企业的战略更具灵活性，同时不会妨碍企业把握长期发展机遇的努力。即使有些情况实际上没有发生，预先采取应急措施，建立起企业接受不确定性变化的反应能力也是有益无害的。

考点 3　理性决策

1. 理性决策的理论基础

含义：理性决策通常也被称为科学决策，它假设管理者在决策时运用理性和逻辑，决策的目标是组织利益最大化。该理论提出了有关人类行为决策的一个绝对标准，即人们在决策时所遵循的是最大化原则，这就是谋求最大效益，在经济领域则是求得最大利润；在抉择方案时进行最优化选择，即从诸多方案中选择最优方案。

人们希望能够以科学的态度或者科学的方式来决策，以期最大限度地应对不确定性和规避风险，即按照经济学的理性人概念，理性的人们总是期许以最小的成本投入来获得目标收益，或者以既定的成本投入获取最大的收益，但是人的实际行动不可能完全理性，由于知识结构、经验、能力以及信息等因素的限制，决策者是具有有限理性的人，不可能预见一切结果，只能在可供选择的方案中选出一个"满意的"方案。

2. 理性决策的基本内容

理性决策模式的要点包括：

（1）决策者面临的是一个既定的问题。

（2）引导决策者作出决定的各种目的、价值或各种目标是明确的，而且可以按它们的重要性而依次排列。

（3）处理问题的各种可供选择的方案为决策者所考虑。

（4）决策者对可供选择的每一方案可能出现的结果进行了调查研究。

（5）每一个选择方案和其可能出现的结果能与其他选择方案相比较。

（6）决策者将采用其结果能最大限度地实现他的目的、价值或目标的那个方案。

在此基础上，理性决策的主要环节可以分为：

第一步，明确和界定面临的问题。

第二步，分析所有目的和目标及其轻重次序。

第三步，寻找所有可能的行动方案。

第四步，预测和评估每个方案的所有可能结果。

第五步，比较每个方案实现目的和目标的程度。

第六步，选择能够最大限度地实现目的和目标的方案。

在上述六个步骤中，作为决策者的人始终是理性的，每一步活动都是理性的活动，不存在任何非理性的成分，整个决策过程都是理性化的。从理想的角度而言，这一模式确实是一个非常科学化的模式。

但是，决策活动要受到很多现实因素的制约，因此在实践中，人们很难严格地遵循这一模式。

【补充知识点】（参考罗宾斯《管理学》）

1. 有限理性决策的主要观点：决策者追求理性，但又不是最大限度地追求理性，他只要求有限理性；决策者在决策中，追求"满意"标准，而非最优标准。

2. 直觉决策：直觉决策是指一种潜意识的决策过程，基于决策者的经验以及积累的判断。五种不同的直觉决策：

（1）基于经验的决策：管理者根据其过去的经验制定决策；

（2）基于认知的决策：管理者根据技能、知识和训练制定决策；

（3）基于价值观或道德的决策：管理者根据道德价值观或文化制定决策；

（4）影响发动的决策：管理者根据感觉或情绪制定决策；

（5）潜意识的心理过程：管理者运用潜意识的信息帮助其制定决策。

3. 直觉与理性决策联系：直觉决策与理性决策是相互联系的。一个对特定情况或熟悉的事件有经验的管理者，在遇到某种类型的问题或情况时，迅速做出决策，不是基于系统性的或详尽的问题分析，而是运用自己的经验和判断制定决策。

【经典考研例题】

试比较理性决策和有限理性决策。（中国人民大学 2020 年简答题）

考点4　行为决策

1. 决策中的行为基础

西蒙和马奇两位学者按照人的假设对管理理论做了分类：

（1）机械人模式，即经济人模式。这种模式把组织成员看作进行一定作业的生产工具——机械，他们只能被动地接受命令、进行作业，在解决问题时并不发挥什么作用。

（2）动机人模式。该模式认为，组织成员不是机械而是人，是为了满足个人的要求、动机和目的而劳动的。

决策理论学派：决策人模式，又称管理人模式。这种模式认为，组织成员（管理者和员工）都是为实现一定目的而合理地选择手段的决策者。巴纳德的社会系统理论和西蒙等人的决策理论都属于这种模式。

决策者把学习、记忆、习惯等心理学因素作为决策的行为基础。

2. 行为决策理论的发展

（1）行为决策理论认为，人的理性介于完全理性和非理性之间，即人是有限理性的，这是因为在高度不确定和极其复杂的现实决策环境中，人的知识、想象力和计算力是有限的。

（2）决策者在决策中往往只求满意的结果，而不愿费力寻求最佳方案。

（3）该理论形成初期，主要研究对象可分为判断和抉择两大类。研究框架基于认知心理学，认为人的判断和抉择过程实际上是信息处理过程，包括信息获取、信息处理、信息输出、信息反馈四个环节。

（4）行为决策在成为一门独立的研究学科后，在经济、金融和管理等领域的应用日益扩大。理论研究对象扩大到决策行为各个阶段。

（5）20世纪80年代中后期开始至今，行为决策理论在这个阶段的研究主要不再是对传统理论的挑战，而是概括行为特征，提炼行为变量，然后将其运用到理性决策的分析框架之中。

【补充知识点】

古典决策理论的观点：古典决策理论又称为规范决策理论，是基于"经济人"假设提出来的，主要盛行于20世纪50年代以前。古典决策理论认为，应该从经济的角度来看待决策的问题，即决策的目的在于为组织获取最大的经济利益。

【经典考研例题】

①简述行为决策理论学派的主要观点。（哈尔滨工程大学2021年简答题）

②西蒙决策理论学派的观点。（东北财经大学2011年简答题）

3. 行为决策代表性模型

（1）DHS 模型

这是由丹尼尔、赫什利弗尔和苏布拉马尼亚姆等学者于 1998 年提出的模型，分析决策者对信息的反应程度时，更强调过度自信和有偏差的自我归因。过度自信是指决策者过高地估计私人信息所发出信号的精度，过低地估计公开信息所发出信号的精度的投资者，使私人信号比先验信息具有更高的权重，引起反应过度。归因偏差是指当事件与决策者的行动一致时，决策者将其归结为自己的高能力；当事件与决策者的行为不一致时，决策者将其归结为外在噪声。

（2）HS 模型

这是由学者宏和斯坦于 1999 年提出的模型，又称统一理论模型。与前一个模型的不同之处在于，它把研究重点放在不同作用者的作用机制上，而不是作用者的认知偏差方面。例如，该模型把作用者分为"观察消息者"和"动量交易者"两种类型。前者根据获得的关于未来价值的信息进行预测，其局限是完全不依赖于当前或过去的价格；后者则完全依赖于过去的价格变化，其局限是他们的预测必须是过去价格历史的简单函数。

（3）BHS 模型

这是由学者巴伯瑞斯、黄和桑托斯于 1999 年提出的模型，将决策者所出现的偏差归纳为一类，即直觉偏差。该模型的前提在于，人们自行解决问题的过程，通常采用试错的方法，这就容易导致人们形成一些经验规则。但是，这个过程常常带来其他错误，即该模型识别出这些经验规则的原理以及与它们联系的系统性错误，这些经验规则自身被称为直觉。

考点5　非理性决策

1. 渐进决策模型

渐进决策模型是由美国著名政治学家和政策科学家林德布洛姆在批判理性决策模型的基础上提出的。

渐进决策，是说在以往的政策、惯例的基础上制定新政策，新政策是对过去政策的延伸和发展，只对过去的政策做局部的调整与修改。

它的内涵包括：要求决策者必须保留对以往政策的承诺；决策者不必过多地分析与评估新的备选方案；决策者着意于政策目标和备选方案之间的相互调适，以使问题较易处理，而并不关心政策制定基础的变化；这种决策只能是一种保守的补救措施。它的特点是稳妥可靠，渐进发展。

2. 政治协调决策模型

政治协调决策模型实质是把公共政策看成是利益集团斗争的产物。它是决策者制定政策时，广泛地通过对话、协商、讨论，协调利益关系，在达成妥协、谅解的基础上进行决策。

它认为公共政策就是各利益集团对政府机构施加压力和影响并在相互竞争中实现平衡的结果。这一模型的缺点是过分夸大了利益集团的重要性，认为政府甚至立法和司法机关在政策制定过程中都完全处于被动的地位。

3. 领导集体决策模型

领导集体决策模型认为政策选择是建立在领导者优秀的素质和管理经验的基础上，由领导者或领导集体依据自己的应变能力和判断力进行决策。

其优点是决策迅速，但决策的质量同领导者个人的素质、经验密切相关，是决策是否成功的决定性因素。但由于政策问题的复杂性，决策者在进行决策时还要依靠各种政策研究机构和各领域专家的支持。

考点 6 价值理性与工具理性的对立

有些学者认为，主张价值理性重构以克服理性有限的观点过于强调了工具性和效率，而忽视了人本、价值等因素。

马克斯·韦伯认为，近代西方社会的发展主要表现为理性化的发展。这种理性主要是一种行为的"目的理性"，其实就是一种工具理性。

他提出，若从意义方面观察，人类行为可以解释为"目的理性""价值理性"和"情感理性"三种。

目的理性是人类为了实现特定的目的，在手段、成本和收益之间进行的权衡和比较。在韦伯看来，工具理性和价值理性存在尖锐的对立：工具理性着重考虑手段对达成特定目的的能力或可能性，价值理性则关注权力本身是否符合绝对价值，诸如公平、正义等。不管是完全理性还是有限理性，都摆脱不了工具理性和价值理性对立的宿命。

工具理性与价值理性的对立是行政学产生以来的常态，行政学研究中主张价值中立的立场，使得决策理性和方法都更加注重手段的工具性即技术性尺度，忽视了价值理性的重要性。

目前，决策理性的社会性日益突出。随着社会的成熟发展，市民社会成为趋势，决策理性也将呈现出社会性。决策理性所反映的社会尺度主要包括两个方面：首先，指决策和它所指向的实践及其过程的社会性。其次，包括决策和它所指向的实践的结果符合社会利益。也就是说，社会尺度就在于反映决策所导向的实践活动的社会条件和社会利益，使实践活动的效果既符合实践个体的利益，又符合社会主体的利益，起码不损害他人和社会的利益。

考点7 决策背景研究方法

1. 决策背景的性质分析

首先，决策背景具有整体性和综合性。

其次，决策背景具有复杂性。

最后，决策背景具有动荡性。

2. 决策背景的不确定性模型

在决策背景的各种性质和特点中，核心是环境中蕴含的高度不确定性。美国学者邓肯提出从两个不同的环境层面来确定组织所面临的不确定性程度：一是环境变化的程度，即静态（稳定）—动态（不稳定）层面；二是环境复杂性程度，即简单—复杂层面。进而得出一个评估环境不确定性程度的模型。

如果组织面对常规的需求环境，如为相同或极其相似的顾客生产同一种产品或提供相同的服务，则组织面对的是一个稳定的环境，如公用事业行业。反之，如果企业面对变化极其快速的环境，而且不同的环境要素都在发生变化，则组织面对的是动态、不稳定的环境，如计算机行业。如果一个组织只与很少的外界部门相关，其面临的环境属于简单类型；如果组织必须面对许多外界部门，其面临的环境属于复杂类型。一般而言，组织规模越大，面临的环境越复杂。

3. 决策背景的分析步骤

第一步，明确决策主题。

第二步，提出假设。

第三步，收集资料。

第四步，整理资料。

第五步，趋势预测和评估。

考点8　活动方案生成与评价方法

1. 活动方案生成方法

（1）5W2H法

决策方案的生成，类似于谋划行动路线图。作为指挥和协调组织活动工作文件，决策方案要清楚地告诉人们做什么、何时做、由谁做、何处做及如何做等问题。5W2H法由美国陆军兵器修理部首创，诞生于第二次世界大战中，由于易记、应用方便，曾被广泛用于企业管理和各项工作中。5W2H都是英文的第一个字母，即通过设问来诱发人们的创造性设想，发问的具体内容可根据具体对象灵活应用。

主要问题有：Why，为什么需要改革？为什么非这样做不可？What，目的是什么？做哪一部分工作？Where，从何入手？何处最适宜？When，何时完成？何时最适宜？Who，谁来承担？谁去完成？谁最适合？How，怎样去做？怎样做效率最高？怎样实施？How much，要完成多少数量？成本多少？利润多少？

（2）头脑风暴法

这是一种定性的方法。具体做法是请一定数量的专家，对预测对象的未来发展趋势及状况做出判断。通过专家面对面的信息交流，引起思维共振，产生组合效应，进行创造性思维，在较短的时间内取得较明显的成果。头脑风暴法也有不足之处。如专家人数受限，代表性可能不充分；受个人语言表达能力的限制；受群体思维的影响，随大流，为权威所左右等。所以，对专家的人选和对会议的精心组织至关重要。一般地说，专家小组规模 10—15 人为宜，会议时间 40—60 分钟为佳。

（3）德尔菲法

德尔菲是古希腊阿波罗神宣布神谕的所在地。20 世纪 50 年代，美国兰德公司与道格拉斯公司协作研究通过有控制的反馈，更可靠地收集专家意见，最后用"德尔菲"命名这种方法。德尔菲法依靠专家背靠背地发表意见，各抒己见，管理小组对专家们的意见进行统计处理和信息反馈，经过几轮循环，使分散的意见逐步统一，最后达到较高的预测精度。该法的不足之处是时间较长，费用较高。

（4）强迫联系法

将无关的观点和目标之间建立关系是这种方法的基础。一个目标是固定的，其他的目标则可完全随机地或从名单上进行选择，然后参加者要找出尽可能多的方法将固定目标和随机选择的目标联系起来。这种联系的强迫性将会导致许多新的和有创意的方法产生。

【经典考研例题】

①简述头脑风暴法的特点。（四川农业大学 2018 年论述题）

②头脑风暴法。（大连理工大学 2018 年名词解释题）

③德尔菲法。（山东大学 2017 年名词解释题）

2. 活动方案评价方法

（1）定量评价方法与定性评价方法

定量指标较为具体、直观，通常可用货币金额、产销数量、完成比率、完成阶段等来表示。定量指标有很多优点，如可以制定明确的评价标准，衡量实际绩效时也可以计算出该指标的实际值，而且通过量化的表述，使评价结果给人以直接、清晰的印象。

评价指标的选择既要包括定量指标，又要包括定性指标，遵循定量指标与定性指标相结合的原则。

（2）财务评价方法与非财务评价方法

传统的财务评价，多注重可用货币单位计量的财务指标，因为对于这些指标，可以直接引用会计报表上的数据资料，或将其转换成相关比率来予以评价和衡量。财务指标当然是绩效评价中最重要的一类指标，常常必不可少。

在实际构建评价指标体系时要特别注意引入一些恰当的非财务指标，以保证评价指标体系的全面性、完整性与科学性。

（3）动态评价方法与静态评价方法

决策评价指标体系在指标的内涵、指标的数量、体系的构成等方面均应有相对的稳定性。但是随着企业经营环境的变化，决策评价体系也应做相应的变更。因此，绩效评价体系还具有明显的动态性特征。例如，当政策提出了一些新的要求或导向时，那么，企业也需要对相应的决策评价指标体系进行调整。

考点9　选择活动方案的评价方法

对于确定性决策，可以采用微分法、线性规划、非线性规划、排队论等数学方法进行备选方案的优化选择。而风险决策和不确定性决策，还需要结合决策技术进行选取和应用。

1. 决策树方法

决策树是具有代表性和现实操作性的常见方法之一。这是一种以树形图来辅助进行各方案期望收益的计算和比较的决策方法。

举个简单的例子（这里不考虑货币的时间价值）。某公司为满足市场对某种新产品的需求，拟规划建设新厂。

预计市场对这种新产品的需求量比较大，但也存在销路差的可能性。公司有两种可行的扩大生产规模方案：一是新建一个大厂，预计需投资 30 万元，销路好时可获利 100 万元，销路不好时亏损 20 万元；二是新建一个小厂，需投资 20 万元，销路好时可获利 40 万元，销路不好仍可获利 30 万元。假设市场预测结果显示，此种新产品销路好的概率为 0.7，销路不好的概率为 0.3。根据这些情况，下面用决策树法说明如何选择最佳的方案。如图 4-2 所示。

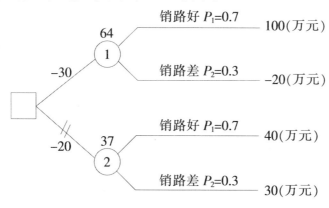

图 4-2 决策树示意图

在图 4-2 中，方框表示决策点，由决策点引出的若干条一级树枝叫作方案枝，它表示该项决策中可供选择的几种备选方案，分别以带有编号的圆形节点①②等来表示；由各圆形节点进一步向右边引出的枝条称为方案的状态枝，每一状态出现的概率可标在每条直线的上方，直线的右端可标出该状态下方案执行所带来的损益值。

用决策树的方法比较和评价不同方案的经济效果，需要进行以下三个步骤的工作：

（1）根据决策备选方案的数目和对未来环境状态的了解，绘出决策树图形。

（2）计算各个方案的期望收益值。首先是计算方案各状态枝的期望值，即用方案在各种自然状态下的损益值去分别乘以各自然状态出现的概率（P_1，P_2）；然后将各状态枝的期望收益值累加，求出每个方案的期望收益值（可将该数值标记在相应方案的圆形节点上方）。

在上例中：

第一方案的期望收益 = 100×0.7+（-20）×0.3 = 64（万元）

第二方案的期望收益 = 40×0.7+30×0.3 = 37 万元）

（3）将每个方案的期望收益值减去该方案实施所需要的投资额（该数额标记在相应的方案枝下方在比较余值后就可以选出经济效果最佳的方案。在上例中，第一方案预期的净收益：64-30 = 34（万元）；第二方案预期的净收益：37-20 = 17（万元）。比较两者，可看出应选择第一方案（在决策树图中，未被选中的方案以被"剪断"的符号来表示）。

2. 机会评价框架

这是在创新和创业项目决策中常见的方法，评价的对象是具有创新性的机会。美国百森商学院的蒂蒙斯教授提出的创业机会评价基本框架是相对完善的创业机会评价指标体系。蒂蒙斯教授认为创业者应该从行业和市场、经济因素、收获条件、竞争优势、管理团队、致命缺陷问题、个人标准、理想与现实的战略差异八个方面评价创业机会的价值潜力，并围绕这八个方面形成了 53 项指标。

第五章　决策的实施与调整

复习指导

　　本章包括实施决策的计划制定、推进计划的流程与方法、决策的追踪与调整三部分，考试中以名词解释、简答、论述题为主。目标管理是比较重要的考点，也可能从案例分析的角度考察。

知识框架

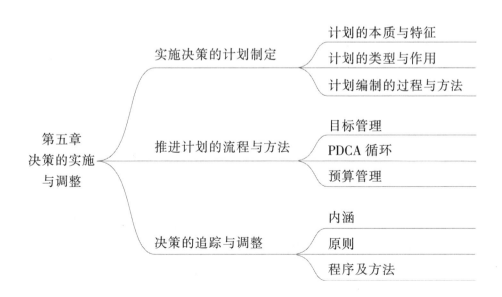

考点精讲

考点 1　计划的本质与特征

1. 从动词意义看，计划是指对各种组织目标的分析、制定和调整以及对组织实现这些目标的各种可行方案的设计等一系列相关联的行为、行动或活动。

2. 从名词意义看，计划就是指上述计划行动的结果，包括组织使命和目标的说明以及组织所选择的战略活动在未来不同时空的展开。

3. 特征体现在以下两个方面：

（1）计划工作的首要性。一方面，一切管理活动都是为支持和保障计划目标的实现而展开的。另一方面，计划工作是一切管理活动的前提，通常只有有了计划，人们才能开展其他的管理活动。

（2）计划工作的普遍性。一切有组织的活动，不论涉及范围大小、层次高低，都必须有计划。计划工作是渗透到组织各种活动中的普遍性管理工作。

【经典考研例题】

①计划职能。（哈尔滨工业大学 2016 年名词解释题）

②计划的特点。（哈尔滨工程大学 2017 年简答题）

③计划。（四川农业大学 2017 年名词解释题）

考点 2　计划的类型与作用

1. 计划的类型

根据不同标准，可以将计划分成不同类型。

（1）战略、战术和作业计划

根据计划对企业经营范围影响程度和影响时间长短的不同，计划可以分为战略计划、战术计划和作业计划。

①战略计划是关于企业活动总体目标和战略方案的计划。其特点

是：涵盖的时间跨度长，涉及范围宽广；内容抽象、概括，不要求直接的可操作性；不具有既定的目标框架作为计划的依据，设立目标本身成为计划工作的一项主要任务；方案往往是一次性的，很少能在将来得到再次或重复的使用；前提条件多是不确定的，执行结果也往往带有高度的不确定性。

②战术计划是有关组织活动具体如何运作的计划。其特点是：涉及的时间跨度比较短，覆盖的范围也较窄；内容具体、明确，通常要求具有可操作性；任务主要是规定如何在已知条件下实现根据企业总体目标分解而提出的具体行动目标，这样计划制定的依据就比较明确；战术计划的风险程度较低。

③作业计划则是给定部门或个人的具体行动计划。作业计划通常具有个体性、可重复性和较大的刚性，一般情况下是必须执行的命令性计划。

战略、战术和作业计划强调的是组织纵向层次的指导和衔接。具体来说，战略计划往往由高层管理人员负责，战术和作业计划往往由中层、基层管理人员甚至是具体作业人员负责，战略计划对战术、作业计划具有指导作用，而战术和作业计划的执行可以确保战略计划的实施。

（2）长期、中期和短期计划

根据计划跨越的时间间隔长短，计划可以划分为长期、中期和短期。企业通常是将1年及以内的计划称为短期计划，1年以上到5年以内的计划称为中期计划，5年以上的计划称为长期计划。

在这三种计划中，长期计划主要是方向性和长远性的计划，它主要回答组织的长远目标与发展方向以及大政方针方面的问题，通常以工作纲领的形式出现。中期计划根据长期计划制定，它比长期计划要详细、具体，是考虑了组织内部与外部的条件与环境变化情况后制定的可执行计划。短期计划则比中期计划更加详细、具体，它是指导组织具体活动的行动计划，它一般是中期计划的分解与落实。

（3）综合、专业和项目计划

按照所涉及活动的内容，计划可以分成综合计划、专业计划与项目计划。

①综合计划一般会涉及组织内部的许多部门和许多方面的活动，是一种总体性的计划。

②专业计划则是涉及组织内部某个方面或某些方面的活动计划。

③项目计划通常是组织针对某个特定课题所制定的计划。

【经典考研例题】

①简述战略计划与战术计划的区别。（哈尔滨工程大学 2018 年简答题）

②战略性计划。（青岛科技大学 2017 年、吉林大学 2016 年名词解释题）

2. 计划的作用

通常，经过科学而周密的分析研究制定出的计划具有下述几方面的作用：

（1）计划是管理者进行指挥的抓手。管理者在计划制定出来之后就可以依据计划进行指挥了。这种指挥包括依据计划向组织中的部门或人员分配任务，进行授权和定责，组织人们开展计划的行动，等等

（2）计划是管理者实施控制的标准。管理者在计划的实施过程中必须按照计划规定的时间和要求指标，去对照检查实际活动结果与计划规定目标是否一致。

（3）计划是降低未来不确定性的手段。计划编制者在编制计划时，通常要依据历史和现状信息对未来的变化做出预测与推断，并根据这些预测与推断制定出符合未来发展变化的计划。

（4）计划是提高效率与效益的工具。综合平衡工作可以消除未来活动中的重复、等待、冲突等各种无效活动，从而消除这些无效活动所带来的浪费。同时，这种综合平衡工作会带来资源的有效配置、活动的合理安排，从而提高组织的工作效率。

（5）计划是激励人员士气的依据。计划通常包含有目标、任务、时间安排、行动方案等。由于计划中的目标具有激励人员士气的作用，所以包含目标在内的计划同样具有激励人员士气的作用。

【经典考研例题】

①计划的作用和意义。(中央财经大学 2023 年简答题、西北工业大学 2020 年论述题)

②车到山前必有路，所以计划无用，你怎么看？(西北工业大学 2018 年论述题)

③有人说计划赶不上变化，计划工作就是浪费时间，你怎么看？(南京理工大学 2021 年简答题)

考点3 计划编制的过程与方法

1. 计划编制的过程

（1）制定计划目标。目标是组织期望达到的最终结果。

（2）估量现状与目标之间的差距。组织的将来状况与现状之间必然存在差距。客观地度量这种差距，并设法缩小这种差距，是计划工作的重要任务。

（3）预测未来情况。在计划的实施过程中，组织内外部环境都可能发生变化。如果能够及时预测内外部环境的可能变化，对制定和实施计划来说将十分有利。

（4）制定计划方案。制定计划方案包括提出方案、比较方案、选择方案等工作，这与决策方案的选择是一样的道理。

（5）实施和总结计划方案。

【经典考研例题】

①计划制定的步骤。(哈尔滨工程大学 2020 年简答题、四川农业大学 2019 年材料题)

②请阐述组织的计划管理过程包含哪些阶段，各阶段的主要工作是什么。(南京航空航天大学 2017 年简答题)

2. 计划编制的方法

（1）滚动计划法

长期、中期和短期计划必须有机地衔接起来，长期计划要对中期、短期计划具有指导作用，而中期、短期计划的实施要有助于长期计划的实现。滚动计划法就是努力保证长期、中期、短期计划相互衔接的一种方法，其目的是增加计划的弹性和适应性，保证计划符合实际情况进而得以顺利实施。

这种方法的基本思想是：在编制长期计划时，就应采取"近具体、远概略"的方法，对近期计划制定得尽量具体，以便于计划的实施；对远期计划只规定出大概的要求，使组织成员明确奋斗的方向。然后根据计划在具体实施过程中发现的差异和问题，不断分析原因，并结合对内外环境情况的分析，予以修改和调整。

（2）项目计划技术

计划必须具有可操作性。最能反映操作性特点而且有助于提升分析和规划技能的计划当属项目计划。项目不同于一般的常规性工作任务。项目是在固定的预算以及固定的时间内，为了达到某一特定目的而临时组合在一起的一组资源的利用活动。

项目计划是对项目的目标及活动予以统筹，以便能在固定的时间内，以最低的成本获取项目预期成果。其工作过程如下：

第一阶段是项目的界定。第二阶段是行动分解。第三阶段是行动统筹。

（3）计划评审技术

计划评审技术产生于 20 世纪 50 年代末期。有一套类似的技术，叫作关键路线法。

计划评审技术是在网络理论基础上发展起来的计划控制方法，其核心工具是网络图，即用图形的形式显示项目中各项工作之间的关系。计划评审技术的主要内容是：在某项业务开始之前制定周密的计划，并依据计划制定一套完整的执行方案。然后，用方向线、节点、数字等符号把执行方案绘制成网络图，之后便依据网络图进行控制。借助网络图，每个项目成员都能看到自己对于整个项目的成功所起的关键性作用，不切实际的时间安排能够在项目计划阶段被发现并及时加以调整，所有成员能够将注意力以及资源集中在真正关键的任务上。

（4）甘特图

甘特图经常与计划评审技术同时使用。甘特图是由科学管理运动的先驱者之一亨利·甘特在第一次世界大战中提出来的。这种工具不仅能清楚地反映出各种行动间的逻辑关系，而且能在图上反映出每种行动的起止时间。更重要的是，借助甘特图，可以清楚地看到项目的实际进展情况。一般而言，甘特图上与每项工作对应的横道表示该工作所需要的时间，横道上实体部分表示工作的实际完成情况，空白的部分表示没有进行的工作（见图5-1）。这样，可以在任何时点上检查工作的实际进展情况。将项目工作层层分解，最终落实到甘特图上，项目的计划便具有了很强的可操作性。

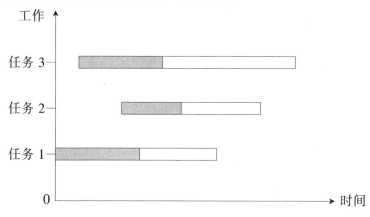

图 5-1 甘特图示意

【经典考研例题】

①滚动计划方法的优点是什么？（哈尔滨工程大学2019年简答题）

②滚动计划法。（大连理工大学2015年名词解释题）

考点4 目标管理

1. 目标管理的含义

（1）目标管理的基本观点

目标管理是一种鼓励组织成员积极参加工作目标的制定，并在工作中实行自我控制、自觉完成工作任务的管理方法或管理制度。该理论假设所有下属能够积极参加目标的制定，在实施中能够进行自我控制。目标管理的重点是让组织中的各层管理人员都与下属围绕工作目标和如何完成目标进行充分沟通。

（2）目标管理的特点

①实行参与管理。在目标制定与分解过程中，各级组织、部门动员其下属积极参加目标制定和分解，充分发表各自的见解，积极讨论组织目标及个人的目标。

②重视工作成果而不是工作行为本身。目标管理与其他管理方法的根本区别在于，它并不要求或强硬规定下属如何做，而是以目标为标准考核其工作成果，评价下属的工作成绩。

③强调组织成员的自我控制。目标管理以下属的自我管理为中心。

④建立系统的目标体系。目标管理通过发动群众自下而上、自上而下地制定各岗位、各部门的目标，将组织的最高层目标与基层目标、个人目标层层联系起来，形成整体目标与局部目标、组织目标与个人目标的系统整合。

（3）目标管理的类型

根据组织目标是否最终分解到个人，目标管理可以分为全分解式目标管理和半分解式目标管理。

①全分解式目标管理，是指把目标分解到每一个成员。

其特点是：把个人目标与部门乃至整体组织目标结合起来，形成个人、局部和整体三个层次的目标体系；加强了个人之间的竞争，可能导致个人间的协作减少，也可能影响整体组织目标的完成。当组织目标容易分解、组织成员有良好的协作意识时，可以采取这种目标管理。

②半分解式目标管理，是指把目标分解到科室、车间、工段等基层组织，并不制定十分明确的个人目标，组织成员以所在基层组织为单位，有着共同的目标。这一目标能否实现，依靠的是整个集体的力量，而不只是个人的努力。

其特点是：有利于促进组织成员的团结、协作，增强组织凝聚力；个人工作压力较小，易出现"平均主义""大锅饭"现象。当组织目标不易分解、组织成员之间互补性特点明显时，可以采取这种目标管理。

2. 目标管理的过程

目标管理是通过一个过程来实现的。这一过程可以分为三个阶段：目标的制定与展开阶段、目标实施阶段和成果评价阶段。这三个阶段形成了一个循环过程，如图所示。

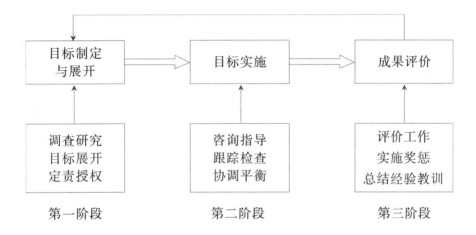

（1）目标制定与展开

目标制定与展开是目标管理的第一阶段。这一阶段的中心任务是上下协调，制定好各级组织的目标。具体工作包括三项：

①调查研究。制定组织目标要研究组织外部影响因素和内部影响因素。通过对外部影响因素的调研，了解组织在计划期内环境因素变化的可能性，把握关键因素以及这些关键因素对组织所产生的可能影响。通过内部因素的调研，主要掌握组织过去的业绩、发展速度、发展中存在的问题和优势、劣势。在综合内外部因素分析的基础上，以组织使命为指导，确定组织的整体目标。

②目标展开。目标展开即把组织的总目标逐级分解落实到每一部门、岗位、个人。上一级组织的实施目标措施，往往构成下一级组织

的目标，层层展开。

③定责授权。依据目标的大小、难易程度，确定相应权限以便授权执行，保证目标的完成。同样，根据目标的主要特点，预先确定奖惩标准，明确职责和奖罚条件，便于执行。

（2）目标实施

目标确定之后，组织的各部门都会进入一个新的阶段：各自围绕自己的目标因地制宜、因时制宜采取措施，以保证目标顺利实现。在这一阶段应做好以下工作：

①咨询指导。管理者应当积极帮助下属，在人力、物力、财力、技术、信息等方面给予支持，尽可能指导下属提高工作效率。特别是对于缺乏工作经验的下属，更应当给予支持、指导。当然，这种咨询指导要征得下属的同意，不能强制干涉下属的工作。

②跟踪检查。管理者在目标的实施中，还应当及时了解如工作进度、存在困难等信息，及时了解整个组织的运行状况，既有利于对下属的咨询指导，也可以针对普遍存在的问题，依靠组织的力量去解决。

③协调平衡。在部门之间和岗位之间存在许多协作关系，而在目标的实施中却可能出现为了完成自己的目标而忽略其他部门、岗位目标的各自为政现象。这就需要管理者在人、财、物、工作进度等方面，进行必要的协调工作，以平衡各部门、岗位的发展，从而有助于整体组织目标的实现。

（3）成果评价

这是目标管理的最后阶段，根据目标评价完成的成果，并进行奖惩。主要有以下三项工作：

①评价工作。按照事先制定的目标值，对照工作成果进行评价。一般实行自我评价与上级评价相结合，共同认定成绩或目标的完成情况。评价工作是进行奖罚的基础，如果评价不公、不实，就会带来奖惩的不公、不实的问题，就会导致挫伤员工积极性的严重后果。

②实施奖惩。依据各部门、各成员的目标完成情况和预先规定的奖惩制度，进行相应的奖惩，以激励先进、鞭策后进，有利于下一期

目标管理的顺利进行。

③总结经验教训。对目标实施中存在的问题和经验进行认真总结，分析原因，吸取教训，以利于今后工作的改进。

3. 对目标管理的评价

（1）优点

①使员工知道他们所期望的结果；

②通过使管理人员制定目标及其完成目标的时间帮助计划工作的开展；

③改善上下级的沟通；

④使员工更加清楚地明白组织的目标；

⑤通过注意对具体业绩的评价，使评价过程更为公正合理；

⑥使员工了解到他们的工作完成状况，直接关系到组织目标的实现。

（2）局限性

①在实施过程中，具体环节的操作比较困难。没有大量甚至反复的工作，目标管理就不可能达到应有的效果。

②容易导致管理者强调短期目标，不利于长期目标的完成。

③需要注意目标停滞的危险。一旦进入目标的实施阶段，目标的改变就非常困难。

【经典考研例题】

①简述目标管理的优缺点。（西北农林科技大学 2023 年简答题）

②目标管理的过程及内容。（西北农林科技大学 2021 年简答题）

③目标管理的过程及基本思想。（吉林大学 2019 年论述题）

④目标管理的步骤。（电子科技大学 2018 年论述题）

⑤简述目标管理的特征。（哈尔滨工程大学 2020 年简答题）

⑥目标管理的优越性。（哈尔滨工程大学 2018 年简答题）

⑦彼得·德鲁克曾说过，"真正的困难不是确立我们需要什么具体目标，而是如何确立这些目标"，根据目标管理相关理论，谈谈对这句话的理解。（西南财经大学 2021 年论述题）

⑧目标管理是德鲁克提出的重要管理思想，请结合实例论述目标管理的基本思想及过程。（上海对外经贸大学 2023 年论述题）

考点 5　PDCA 循环

1. PDCA 循环的内涵体系

（1）含义

PDCA 分别代表计划、实施、检查和改进四个基本阶段。

P（计划）是指根据顾客的要求和组织的方针，为提供结果建立必要的目标和行动计划。

D（实施）是指实施行动计划，具体运作和实现计划中的内容。

C（检查）是指根据方针、目标和产品要求，总结执行计划的结果，分清哪些对了、哪些错了，明确效果，找出问题，对过程和产品进行监视和测量，并报告结果。

A（改进）则指新作业程序的实施及标准化，以防止原来的问题再次发生，或者设定新一轮的改进目标。对总结检查的结果进行处理，成功的经验加以肯定，并予以标准化，或制定作业指导书，便于以后工作时遵循；对于失败的教训也要总结，以免重现。对于没有解决的问题，应交给下一个 PDCA 循环去解决。

（2）特点

①大环套小环。PDCA 循环构成了一个大环套小环、一环扣一环、互相制约、互为补充的有机整体。

②上升式循环。每个 PDCA 循环，都不是在原地周而复始地运转，而是像爬楼梯那样，每一循环都有新的目标和内容，这意味着质量管理，经过一次循环，解决了一批问题，质量水平有了新的提高。

③综合性循环。四个阶段是相对的，它们之间不是截然分开的。

④推动 PDCA 循环的关键是 A（改进）阶段。

2. PDCA 循环的实施步骤

PDCA 循环的具体步骤可以分为：

第一步，分析现状，找出存在的问题。

第二步，分析产生问题的各种原因或影响因素。

第三步，找出问题所在。

第四步，针对问题的主要因素制定措施，提出行动计划。

第五步，实施行动计划。

第六步，评估结果。

第七步，标准化和进一步推广。

第八步，提出这一循环尚未解决的问题，把它们转到下一个 PDCA 循环。

【经典考研例题】

PDCA 循环的特征和实施步骤。（四川农业大学 2020 年论述题）

考点6　预算管理

1. 预算管理的内涵

（1）预算管理是一种计划思想的体现。预算的编制是作为计划过程的一部分开始的，而预算本身又是计划过程的终点。

（2）预算管理是预测方法的运用。预算是对未来一个时期内的收支情况的预计。作为预测，确定预算数字可以采用统计方法、经验方法或工程方法。

（3）预算管理是一种控制手段。编制预算实际上就是控制过程的第一步——拟定标准。由于预算是以数量化的方式来表明管理工作的标准，从而本身就具有可考核性，因而有利于根据标准来评定工作绩效，找出偏差，并采取纠偏措施。

2. 预算管理的类型

（1）按预算的内容，预算管理可分为经营预算管理、投资预算管理和财务预算管理

①经营预算管理，是指企业对日常发生的各项基本活动预算的管理。它主要包括销售预算、生产预算、直接材料采购预算、直接人工预算、制造费用预算、单位生产成本预算、推销及管理费用预算等。

②投资预算管理，是指对企业的固定资产的购置、扩建、改造、

更新等，在可行性研究的基础上，进行预算编制和管理。它具体反映在何时进行投资、投资多少、资金从何处取得、何时可获得收益、每年的净现金流量为多少、需要多长时间回收全部投资等。投资预算应当力求和企业的战略以及长期计划紧密联系在一起。

③财务预算管理，是指企业对计划期内反映有关预计现金收支、经营成果和财务状况的预算的管理。它主要包括"现金预算""预计收益表"和"预计资产负债表"。各种经营预算和投资预算中的材料都可以折算成金额反映在财务预算内，财务预算因而成为各项经营业务和投资的整体计划，故亦称总预算。

（2）按预算控制的力度，预算管理可以分为刚性预算管理和弹性预算管理

①刚性预算管理指在管理过程中，关注在执行进程中没有变动余地的预算的管理，执行人在执行中无活动余地。一般来说，刚性预算管理不利于发挥执行人的积极性和不适应环境变化。刚性预算管理只能在重点项目上采用。常见的刚性预算管理是控制上限或控制下限的预算，如严格要求的财政支出预算和财政收入预算等。

②弹性预算管理指在管理过程中，预算指标有一定的调整余地，执行人可灵活地执行的预算的管理。这种预算的控制力度稍弱，但有较强的环境适应性，能较好地适应控制的要求。在预算控制中弹性预算管理比较常见。

3. 预算的方法

零基预算法是广为运用的典型预算方法之一。这种方法的基本思想是：在每个预算年度开始时，把所有还在继续开展的活动都看作从零开始的，预算也就以零为基础，由预算人员在从头开始的思想指导下，重新安排各项活动及各个部门的资源分配和收支。

实行零基预算法的预算人员需要在如下四个方面重新考虑预算：

（1）组织的目标是什么，预算要达到的目标又是什么；

（2）这项活动有没有必要，不开展行不行，开展这项活动应取得什么样的成果；

（3）开展这项活动的可选方案有哪些，目前执行的方案是不是最好的；

（4）这项活动需要多少资金，资金从什么地方获取，按目前的方案使用是否合理。

与传统预算管理相比较，零基预算的优点是预算比较科学，有利于资金分配和控制支出；其存在的缺点是预算编制的工作量大，费用高。

零基预算法的程序包括建立预算目标体系、逐项审查预算、排定各项目与各部门的优先顺序和编制预算等。

【经典考研例题】

①零基预算。（中国矿业大学 2021 年名词解释题）

②预算。（吉林大学 2016 年名词解释题）

③预算的内容及作用。（东北大学 2021 年简答题）

考点7　决策追踪与调整的内涵

决策追踪与调整，是决策者在初始决策的基础上对已从事活动的方向、目标、方针及方案的追踪和重新调整的过程。在决策研究中，确定选择与判断的底层过程主要有两种研究范式可供使用，即结构化建模和过程追踪。

结构化建模的思路是，将所呈现信息与决策者最终的选择或判断联系起来，以形成具有特定结构和参数的逻辑模型，从而推断所选取的方案。

过程追踪，则意味着决策是在初始决策的基础上，对已从事活动的方向、目标、方针及方案，进行追踪并不断重新调整，对预期目标能否最终得以实现影响重大。

决策追踪与调整，不同于决策实施当中的补充和修正。决策的补充和修正是指在决策执行过程中，由于决策本身的特点和决策环境的变化，决策者必须对决策执行情况不断检查，并根据反馈信息，找出偏差，实施相应的控制，不断修正、完善决策。这个过程尚不需要对决策计划或方案做较大改变。但是，决策追踪与调整，实质上则是对原来面临的问题重新进行一次决策。

决策追踪与调整的特征有以下几个方面：

（1）回溯分析。

（3）非零起点。

（4）双重优化。

（4）心理障碍。

考点 8　决策追踪与调整的原则

1. 科学性与全面性相结合的原则

2. 相对性与系统性相结合的原则

3. 指挥与授权相结合的原则

4. 可比性与可操作性相结合的原则

5. 任务与关系相结合的原则

考点 9　决策追踪与调整的程序及方法

1. 决策追踪与调整的程序

第一步，明确决策追踪与调整的内容。

第二步，选择决策追踪与调整的方向。

第三步，收集资料和数据。

第四步，分析差距。

第五步，设定努力目标。

第六步，沟通交流。

第七步，改进。

第八步，制定具体的调整方案。

第九步，明确决策调整的职责。

第十步，循环进行。

2. 决策追踪与调整的方法

（1）基于组织决策的追踪与调整方法

①鱼刺图。又名因果图，是一种发现问题根本原因的分析方法，

鱼刺图还可以划分为问题型、原因型及对策型鱼刺图等，有助于为决策追踪和调整提供依据和思路。

②雷达图，又称蛛网图，例如，在财务领域，可以将一个公司的各项财务分析所得的数字或比率，就其比较重要的项目集中画在一个圆形的图表上，来表现一个公司各项财务比率的情况，使使用者能立刻了解公司各项财务指标的变动情形及其好坏趋向。

③趋势图，也称统计图或统计图表，是以柱形图、横柱形图、曲线图、饼图、点图、面积图等统计图形来呈现某事物或某信息数据的发展趋势。

（2）基于个体决策的追踪与调整方法

①鼠标实验室。这是一种追踪被试信息获取过程的研究系统。由信息板技术（IDB）发展而来，旨在将被试的信息获取模式外显化。

②眼动技术。眼动技术在心理学领域已经被广泛运用。自20世纪70年代起，就在决策领域有所运用。这个技术用来检验决策过程中被自然激发的信息获取过程。最基本的理论假设是眼脑假设，即眼睛正在获取的信息和大脑正在加工的信息是一致的。即使人们在转移注意力时眼睛的注视位置不一定发生变化，但在处理复杂信息时，注视点的变化和注意力的转移是耦合的。因此，眼动数据可以为决策追踪与调整提供稳定可靠的信息获取方面的数据。

③决策移窗技术。它是在以上两种技术基础上发展起来的。

除了上述方法，认知神经科学领域的脑成像技术也开始运用于决策追踪与调整的分析当中。这个技术偏向于考察行为决策背后的认知行为机制。越来越多的研究者已经注意到过程模型在决策信息获取方面的优势，并发现它为决策追踪研究提供了新的途径，便于构建具有创新性的决策体系。

第六章 组织设计

本章包括组织设计的任务与影响因素、组织结构和组织整合三部分，是考试中重要的名词解释、简答、论述和案例分析题常考察的内容。本章知识点较多，需要做好区分，并理清本章的脉络。

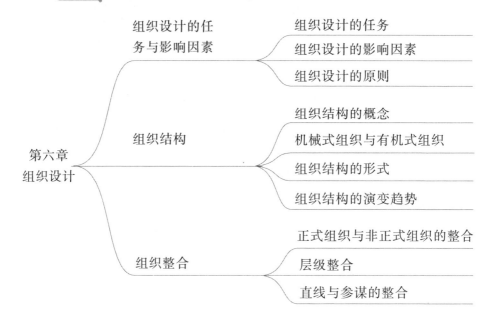

考点1 组织设计的任务

组织设计包括两方面的内容：一是静态的组织结构设计；二是动态的组织运行制度设计。

1. 组织结构设计

组织结构设计是组织设计的基础性工作，既是对组织整体目标的分解，也是对组织框架的整体安排。一个完整的组织结构设计至少包括职能设计、部门设计和层级设计三方面内容。

2. 组织运行制度设计

组织结构设计是组织设计的基础，组织运行需要制度和人员的保障，而这些是通过运行制度设计来实现的。组织运行制度设计是指为了保证组织的高效运行而进行的制度和人员方面的安排，包括沟通系统设计、管理规范设计和激励设计。

考点2 组织设计的影响因素

影响组织设计的因素包括环境、战略、技术、规模以及组织发展阶段五种类型。

1. 环境

管理活动是在一定的环境下进行的。作用于组织的环境因素又可以分为两大类：一般环境和任务环境。

（1）环境的复杂性影响组织部门和岗位设置。当外部环境的复杂性提高时，会带来超越原有职能覆盖面的新课题。传统的应变方法是设置必要的职能部门和岗位，减少外部环境对组织的冲击。

（2）环境的不确定性影响组织结构。外部环境与组织内部结构之间具有关联性。当外部环境较为稳定时，组织为了提高运行效率，往往需要制定明确的规章制度、工作程序和权力层级，因此采用机械式层级结构，规范化、集权化程度比较高；当外部环境不稳定时，组织则需要更加关注适应性，尽可能做到信息共享、权力下放，以便能够迅速对环境的变化做出反应，可以采用有机式组织，组织的规范化、集权化程度相应下降。

2. 战略

战略的发展阶段和战略类型对于组织设计具有重要影响。

（1）钱德勒认为，战略发展有四个不同的阶段，即数量扩大阶段、地区开拓阶段、纵向联合开拓阶段和产品多样化阶段，每个阶段都应有与之相适应的组织结构。

①数量扩大阶段。数量扩大阶段的组织结构相对简单，只需要少量职能部门就能解决问题。

②地区开拓阶段。业务范围的扩大带来了协调、标准化和专业化等问题，组织需要建立职能部门对分布在不同地区的业务进行有机整合。

③纵向联合开拓阶段。组织在同一行业发展的基础上，自然而然地会向其他领域扩展。

④产品多样化阶段。组织有必要利用现有技术、设备和人员等资源开拓新的产品和服务，于是形成了产品多样化的局面。

（2）战略类型

如果保持在单一领域、单一行业内发展，组织则偏向于采用集权的职能结构；如果企业进行多元化经营，则多采用分权的事业部结构。组织结构需要根据战略的变化及时进行调整以提高组织的自适应性。

3. 技术

技术是把原材料等资源转化为产品或服务的机械力和智力。技术的变化不仅能够改变生产工艺和流程，而且会影响人与人之间的沟通与协作。

伍德沃德根据生产技术的复杂程度将生产技术分为三类：单件小批量生产技术、大批量生产技术、流程生产技术。

管理幅度、管理人员与一般人员比例、技术人员比例、规范化程度、集权化程度、复杂化程度等方面存在以下差异。

（1）从单件小批量生产技术到流程生产技术，随着技术复杂性的提高，企业组织结构复杂程度相应提高，管理层级增多，高层管理人员的管理幅度、管理人员与一般人员比例也提高。然而，基层管理人员的管理幅度呈现非线性变化，即大批量生产技术最高，单件小批量生产技术次之，流程生产技术最低。

（2）大批量生产组织通过严格的规范化管理可以有效地提高效率，而集权化、规范化对于小批量生产、流程生产并不合适。

（3）有效管理取决于如何分析环境需求、围绕需求构建组织结构、通过管理行为实现组织目标。如缩短指令传达路径、增强沟通的管理模式最适合中小批量的生产，而不适合大批量生产。

（4）创建组织时，技术因素和人际关系因素同样重要。企业选择的组织结构形式如果能够实现二者的有机结合，组织效率是最高的。

4. 规模

一般来说，小规模的组织结构简单，组织层级少，集权化程度高，复杂性低，协调比较容易，而大规模组织正好相反。因此，规模因素是影响组织设计的一个重要变量。大型组织和小型组织在组织结构上的区别主要表现在以下四个方面：

（1）规范程度不同。规范程度是指组织依靠工作程序、规章制度引导员工行为的程度。一个组织规章、条例越多，其组织结构的规范性就越高，组织就越正规。

（2）集权程度不同。集权程度是指组织决策正式权力在组织层级中的集中或分散程度。通常，小型组织的决策事务较少，高层管理者对组织拥有更大的控制权，因此集权化程度较高。然而，大型官僚制或科层组织中，决策往往是由那些具有控制权的管理者做出的，组织的集权化程度同样高。与小型组织不同的是，大型组织往往通过授权的形式将决策权分散给不同层级的管理者，既可以减轻高层管理者的负担，又有利于及时沟通，对环境变化做出快速反应。

（3）复杂程度不同。复杂程度是指组织内部结构的分化程度。每一个组织在专业化分工程度、组织层级、管理幅度、人员之间、部门之间存在巨大差异，组织的分工越细、层级越多、管理幅度越大，组织的复杂性就越高；组织的部门越多，地理分布越广，协调人员及其活动也就越困难。

（4）人员结构不同。随着组织规模扩大，管理人员的增速要高于普通员工的增速，而当组织进入衰退阶段时，管理人员的减幅却明显低于普通员工的减幅。也就是说，管理人员是最先被聘用而最后被解雇的。也有一种观点认为，随着组织规模扩大，管理人员的比例是下降的。虽然两种观点在结论上存在明显对立，但组织规模影响人员结构是一个不可否认的事实。

5. 发展阶段

一般来说，组织的发展会经历生成、成长、成熟、衰退和再生五个阶段。组织设计需要根据不同阶段的特点来进行。

（1）生成阶段

组织的生成阶段也被称作创业阶段。由于规模较小，组织往往采用比较简单、机械的组织结构，权力集中在以创始人为代表的高层管理者手中。

（2）成长阶段

组织在成长阶段，一般发展速度较快。这一阶段，组织成长的关键在于决策的方向。随着规模的迅速扩大，原有机械式组织结构已经不能满足组织发展的需求，需要形成一种有机的组织结构，向中层、基层管理者授予更多决策权，组织的规范性提高。

（3）成熟阶段

经过快速发展之后，组织进入成熟阶段。这一阶段，组织成长的动力在于授权，组织结构呈现出规范化的特征：层级关系更加清晰，职能逐渐健全，内部沟通越来越正式化，规章制度更加完善。

（4）衰退阶段

授权、规范化固然能够带来组织的成长，但同样会产生负面影响。主要表现在：机构臃肿、人浮于事；沟通路径过长导致决策迟缓；过于强调程序和规范，形式主义蔓延；明知组织运行效率低，却无法推进改革。

（5）再生阶段

组织进入衰退阶段后，如果不能适时调整组织结构、进行大刀阔斧的改革，可能面临灭亡的命运。然而，多数情况下组织会努力地生存，寻求可持续发展，这就要求进行大胆变革。

【经典考研例题】

①组织设计的影响因素。（广东外语外贸大学 2022 年、哈尔滨工程大学 2018 年、新疆大学 2020 年简答题）

②影响组织结构设计的主要因素包括哪些？（厦门大学 2018 年简答题）

③影响组织结构选择的权变因素有哪些？（东南大学 2018 年简答题）

考点 3　组织设计的原则

概括起来，组织设计的原则可以归纳为以下五条：

1. 目标一致原则。组织设计需要以组织的整体目标为引领，部门设置、沟通协调、冲突解决都要为这一目标服务，这就是目标一致原则。

2. 分工与协作原则。分工与协作原则是指组织结构能够反映出实现目标所需的工作分解和相互协调，在专业分工的基础上实现部门间、人员间的协作与配合，保证组织活动的顺利开展，从而实现组织的整体目标。

3. 有效管理幅度原则。进行组织设计时，管理幅度应控制在一定的水平。既要避免管理幅度过大，保证管理人员能够对下属工作实行有效的指挥和监督，提高工作效率；也要防止管理幅度过小，造成组织层级过多，从而降低管理工作的效率，增加管理成本。

4. 权责对等原则。权责对等原则是指组织中各个层级的管理者需要拥有开展工作所需要的相应权力，同时承担相应责任。

5. 柔性经济原则。柔性经济原则是指组织设计需要保持一定的灵活性，根据内外环境的变化及时对机构和人员做出调整，通过对层级与幅度、人员结构和部门工作流程的合理安排，提高组织管理的效率。

【经典考研例题】

简述组织设计的原则。（华南师范大学 2021 年、吉林大学 2017 年、电子科技大学 2010 年简答题）

组织设计。（四川师范大学 2018 年、东北财经大学 2015 名词解释题）

考点 4　组织结构的概念

1. 组织结构的含义

组织结构是组织中正式确定的，使工作任务得以分解、组合和协调的框架体系。一方面，组织结构是组织内部的职能分工，即按照组织目标对工作任务进行分解后，确定相应的部门完成工作；另一方面，组织结构是一个纵向的层级体系，层级的多少取决于组织的规模和管理幅度。

2. 组织结构的内容

组织结构的本质是组织内部成员的分工协作关系，包括以下三方面内容：

（1）工作任务的分解

工作任务的分解包括横向分解和纵向分解两个方面。横向分解是根据不同的标准，将组织中需要的管理活动分解为不同的任务；纵向分解是根据管理幅度的限制，确定组织系统的层级关系，并根据组织层级确定管理人员的权责。

（2）任务组合

任务分解后，组织需要把相似或相关的工作加以组合，并归口特定部门进行管理，如职能部门化、产品部门化和区域部门化等。

（3）组织协调

组织在完成了任务分解和任务组合之后，还需要建立各种协调机制来确保部门之间的沟通，以促进部门之间的合作，产生协同效应，带来组织绩效组织协调的具体内容涉及职权分配、确定管理幅度、集权与分权。

考点5 机械式组织与有机式组织

1. 机械式组织

机械式组织是一种稳定的、僵硬的结构形式，追求的主要目标是稳定运行中的效率。

（1）机械式组织的特点

①基于职能的高度专门化。

②僵化的职务与权限。

③信息集中于高层。

④垂直的命令与信息传递。

⑤对组织的忠诚和对上级的服从。

⑥强调固有知识。

（2）机械式组织的适用条件

①环境相对稳定。

②任务明确且持久，决策可以程序化。

③技术相对统一而稳定。

④按常规活动，以效率为主要目标。

⑤企业规模较大。

2. 有机式组织

有机式组织是一种松散、灵活的具有高度适应性的结构形式。它追求的主要目标是动态适应中的创新。

（1）有机式组织的特点

①基于知识与经验的专门化。

②柔性的职务与权限。

③信息的分散与共享。

④水平的沟通与信息传递。

⑤对工作和技术的忠诚。

⑥强调吸收外部智慧。

（2）有机式组织的适用条件

①环境不确定性强。

②任务多样且多变，无法进行程序化决策。

③技术复杂多变。

④有许多非常规活动，需要较强的创新能力。

⑤组织规模较小。

【经典考研例题】

①有机式组织和机械式组织的区别。（2008、2020年考题）

②有机式结构的特点。（西北农林科技大学2021年简答题）

③机械式组织在什么条件下最为有效？（中国海洋大学2018年简答题）

④有人说机械式组织结构更适合组织需要，有人说有机式组织结构更适合，你怎么看？（南京理工大学2021年简答题）

考点6 组织结构的形式

1. 直线制组织

（1）直线制组织结构的特点

直线制组织结构的特点是组织中所有职位都实行从上到下的垂直领导，下级部门只接受一个上级的指令，各级负责人对其下属的一切问题负责。

（2）直线制组织结构的优点

①设置简单。只要确定管理幅度，组织就可以根据规模确定管理所需要的层级，不需要设计复杂的职能部门和参谋，因此管理成本也较低。

②权责关系明确。上级只分管几个部门，下属只接受一名上级的领导，每一个层级管理者的职责、权力非常清晰。

③有利于组织的有序运行。由于上下级之间是垂直的关系，直线制组织易于维持特定的纪律与秩序。

（3）直线制组织结构的缺点

①专业化水平低。由于直线制组织实行垂直领导，每一个层级的管理者需要承担部门的所有工作，所以专业化程度较低。

②缺乏横向沟通。直线制组织强调不同层级之间的纵向联系，缺少横向沟通的通道，因此沟通路径长，导致信息传递不够顺畅。

③对管理人员的要求高。由于直线制组织中的管理者需要全方位负责本部门的工作，所以要求每一名管理者都通晓部门的所有事务，势必造成人员配备的困难。一般而言，培养一名通才的周期和成本要远高于培养一名专才。

上述缺点导致直线制组织结构只适用于规模较小、生产技术比较简单的组织，初创期的组织往往偏向于选择直线制组织结构。然而，随着组织规模扩大，人员数量增加，管理工作日益复杂，直线制组织结构就不能满足组织发展的需要了。

2. 职能制组织

（1）职能制组织结构的产生

职能制组织形式也称 U 形结构，把专业职能作为划分部门的基础，在各级管理人员之下根据业务需要设立职能机构和人员，协助其从事职能管理工作。

（2）职能制组织结构的优点

①专业化程度高。参谋的设置有利于发挥专家的作用，能够提高管理的专业化水平，适应大生产分工协作的要求。

②减轻管理人员压力。职能制组织中的参谋能够从不同角度为管理者提供决策依据，使其能够专注于处理最重要的决策工作。

③有利于降低管理成本。职能制组织减少了设备和职能人员的重复性，有利于降低管理成本。

（3）职能制组织结构的缺点

①缺乏协调。各职能部门执着于自己的目标，容易滋生本位主义，对需要部门间密切配合才能完成的任务缺乏协调性，部门之间缺乏交流合作，容易引发冲突，增加高层管理者协调、统筹的难度，影

响组织整体目标的顺利实现。

②职责不清。每一级部门需要同时接受直线部门和职能部门的指挥，导致多头领导，不利于统一指挥、统一领导，不利于分清责任。

③不利于通才型管理人员的培养。管理者只负责其专业领域的工作，缺乏对其他领域的了解机会，不利于通才型高级管理人员的培养。

3. 直线职能制组织

（1）直线职能制组织结构的产生

综合直线制和职能制两种形式的特点，取长补短而建立起来的组织结构就是直线职能制组织，又称直线参谋制组织。

具体做法是：以直线制结构为基础，在各层级中设置相应的职能部门，即在直线制组织统一指挥的原则下，增加了参谋机构从事专业管理。

（2）直线职能制组织结构的优点

①统一指挥与专业化管理相结合。直线职能制组织既保持了直线制组织的统一指挥优势，又吸取了职能制组织专业化管理的特长。

②能够有效减轻管理者负担。由于职能部门的存在，该结构不再要求管理者成为直线制组织中的通才、全才，能够有效减轻管理者的负担，同时规避了职能制组织多头指挥的问题。

（3）直线职能制组织结构的缺点

①协调难度加大。直线部门与职能部门目标不一致，容易引发职能部门越权的现象，导致组织内部冲突增多，增加了组织内部的协调难度。

②损害下属的自主性。直线职能制组织的管理者数量增加，容易形成高度集权，有可能损害下属的自主性。

③降低对环境的适应能力。直线职能制组织结构缺乏弹性，对环境变化的反应迟钝，难以应对外部环境变化带来的挑战。

④降低决策效率。直线职能制组织的部门增多，沟通路径增加，易导致信息传递不顺畅，从而降低决策效率。

④增加管理成本。直线职能制组织的管理层级、管理人员数量明

显增加，职能部门与直线部门之间的协调难度加大，势必增加管理成本。

虽然存在上述缺点，但直线职能制组织形式在世界范围内仍然为众多组织所采用。一般来说，直线职能制组织结构适用于规模不大、产品种类不多、内外部环境比较稳定的中小型企业。

4. 事业部制组织

（1）事业部制组织结构的产生

事业部制组织也被称为 M 型组织，最早是由美国通用汽车公司总裁斯隆于 1924 年提出的，故有"斯隆模型"之称。

事业部制组织结构是指组织面对不确定的环境，按照产品或类别、市场用户、地域以及流程等不同的业务单位分别成立若干个事业部，由事业部进行独立经营和分权管理的一种分权式组织结构。其主要特点是"集中决策，分散经营"。

（2）事业部制组织结构的优点

①有利于管理者专注于战略规划与决策。由于各事业部独立经营，组织的最高管理层能摆脱日常行政事务，将精力集中于组织的战略规划与决策。

②有利于培养通才。事业部独立进行生产经营活动，对经营结果负完全责任，有利于培养经理人员的全局意识及多方面的管理技能，能为组织培养通才型高级管理人才。

③提高了组织对环境的适应能力。各事业部享有独立经营的权利，有利于发挥其积极性、主动性和创造性，提高了对环境的适应能力。同时，由于多个事业部的存在，也增强了组织抵御风险的能力。

（3）事业部制组织结构的缺点

①机构重复设置导致管理成本上升。总部与各事业部均设有完备的职能机构，必然会造成管理人员增加，管理成本上升。

②容易滋生本位主义。虽然各事业部拥有独立的市场，但由于高度分权，容易导致各事业部只考虑自己的利益，给相互间的支持、协调带来困难，影响企业总体战略目标的实现。

5. 矩阵制组织结构

（1）矩阵制组织结构的产生

矩阵制组织结构的实质是为了加强职能制组织之间的协调、引进项目管理的形式开发的一种组织形式。

矩阵制组织结构的特点是：既有按职能划分的垂直领导系统，又有按产品或项目划分的横向领导关系，每一名下属同时接受两名上司的领导；项目组人员来自不同部门，任务完成后就解散，有关人员回原单位工作；项目小组为临时组织，负责人也是临时委任。因此，这种组织结构非常适合需要横向协作的攻关项目。

（2）矩阵制组织结构的优点

①机动性强。矩阵制组织以项目的形式组成，成员从不同的部门抽调，具有很好的机动性，随着项目的开发与结束进行项目组的组合和解散。

②目标明确、人员结构合理。矩阵制组织的目标十分明确、具体，各项目组有着特定的攻关任务，人员来自与任务相关的部门，结构合理。

③通过异质组合实现创新。矩阵制组织的人员从各职能部门抽调而来，有着不同的专长，成员荣誉感强，工作热情高，目标一致，不同部门的员工在一起有利于相互启发，集思广益，思维的碰撞有利于创新。

④沟通顺畅。矩阵制组织是对统一指挥原则的一种突破，由于成员同时拥有两名上司，且纵向与横向的联系形成了网络状的信息传递通道，组织内部的沟通更加顺畅。

（3）矩阵制组织结构的缺点

①稳定性差。由于矩阵制组织的成员来自不同的部门，被抽调后势必影响原部门的工作，当项目任务完成后，成员回到原有部门时的岗位安排容易出现问题，影响组织的稳定性。

②多头指挥。矩阵制组织的网状结构固然能够缩短沟通路径，但由于每一名成员都要接受项目组和职能部门的领导，如果上级领导不能进行充分的沟通和协调，容易出现多头指挥的局面，不仅让下属无所适从，而且会影响目标的实现。

③权责不对等。为了保持组织的机动性，项目组负责人同样属于临时抽调，任务完成之后回到原部门工作，其责任大于权力，在一定程度上会对负责人的积极性造成消极影响。

【经典考研例题】

①事业部制组织结构的优缺点。（哈尔滨工程大学 2020 年简答题）

②直线职能制组织结构。（东北大学 2019 年名词解释题）

③矩阵制组织结构的优缺点。（哈尔滨工程大学 2013 年论述题）

④直线职能制组织结构的优缺点。（哈尔滨工程大学 2019 年简答题）

⑤事业部制结构的特点。（四川农业大学 2017 年简答题）

考点 7　组织结构的演变趋势

1. 扁平化

组织结构存在两种典型的类型，即高耸型组织和扁平型组织。前者组织层级多而管理幅度小，后者则正好相反。

扁平化的优点在于：减少组织层级，便于高层管理者了解各科层组织的运行情况；大幅削减管理人员，节省管理成本，有效降低协调的难度；信息传递速度加快，减少信息的过滤和失真；管理幅度加大，强调员工的自我管理，有利于调动成员的积极性，提高决策的民主化程度。

扁平化存在一些弊端：管理幅度加大无形中加重了管理人员的工作负荷；虽然不同层级间的沟通路径缩短，但相同层级的沟通会产生新的困难；对管理人员的素质要求较高；以员工的自我管理、自我控制为基础，要求下属人员自立、自律，否则容易失去控制。

2. 柔性化

柔性化是通过设置协调岗位、临时委员会或工作团队的形式加强组织内部的横向联系、增强组织机动性的一种趋势。

增强组织结构的柔性通常有两种方式：一是充分发挥非正式组织的作用；二是加强横向沟通。

3. 无边界化

传统观点认为，组织是有边界的。这种边界包括物理边界、业务边界。然而，在全球化时代，企业需要从世界范围内调配资源，企业的业务不再封闭，与其他组织之间的联系更加紧密，企业的边界正在被打破，组织结构也呈现出无边界化的趋势。

无边界组织并不是一种真正意义上的组织结构，其实质是一种组织设计理念。"无边界"只是为组织结构设计提供了一种思路，其操作要点是尽量淡化和模糊组织边界，而非绝对地消除组织边界。

4. 虚拟化

虚拟化是组织结构的另一个演变趋势，而电子商务领域的企业组织是虚拟组织的最好范例。

（1）电子商务企业组织的虚拟化

电子商务企业并没有制造型企业那样硕大的厂房和分销体系，但它却通过信息和资源整合创造巨大的价值，而且能够培育众多的创业者，形成一个以网络为载体的创业生态系统。

（2）动态网络虚拟组织

虚拟组织并不局限于电子商务、互联网领域，制造型企业组织同样存在虚拟化的趋势，一些企业所采用的动态网络结构同样是虚拟化的具体尝试。

动态网络型组织结构是一种以项目为中心，通过与其他组织建立研发、生产制造、营销、售后服务等业务合同网，有效发挥核心业务专长的核心型组织形式。

优点：组织结构具备更大的灵活性，以项目为中心的合作能够更好地结合市场需求整合资源，网络中的价值链可以动态调整；结构简单，多数业务实现了外包，组织结构更加扁平，效率也更高了。

缺点：组织活动多通过与其他组织的合作来完成，因此稳定性差；组织的核心是项目，因此对商业模式的要求高，需要能够持续地为合作企业带来利益；与外部组织的合作靠利益关系来维系，难以形成组织文化，不利于组织的可持续发展；采用外包容易引发企业伦理方面的争议等。

（3）市场链

市场链是青岛海尔集团首创的一种组织设计理念。其核心思想是将市场经济中的利益调节机制引入企业内部，在集团宏观调控下，把企业内部的上下流程、上下工序和岗位之间的业务关系由原来的单纯行政关系转变成平等的买卖关系、服务关系和契约关系，通过这些关系把订单转变成一系列内部的市场订单，形成以订单为中心、上下工序和岗位间相互咬合、自行调节运行的市场链。

市场链通过流程之间、工序之间、岗位之间的"索酬、索赔、跳闸"形成市场关系、服务关系，简称"两索一跳"，用其汉语拼音首字母标注为SST。

【经典考研例题】

①组织结构中扁平结构的优缺点。（四川农业大学 2017 年简答题）

②简述组织结构中的扁平结构形态的特点及优缺点。（湘潭大学 2017 年简答题）

③结合实例，谈谈组织结构演化趋势。（中国海洋大学 2023 年论述题）

考点 8　正式组织与非正式组织的整合

1. 正式组织

（1）正式组织的定义

由两个或两个以上的人围绕一个共同目标并经过有意识的、处于系统关系的物的要素、人的要素和社会要素组成的有机整体。

（2）正式组织的活动

与正式组织的构成要素相对应，管理者需要承担决策、沟通、激励与领导的职能。管理者的上述职能也可以理解为正式组织的活动。

2. 非正式组织

（1）非正式组织的含义

非正式组织可以理解为：独立于正式组织目标之外，以人际关系和谐为导向，以非理性为行为逻辑，受潜在的不成文规定约束的个体组成的集合体。

（2）非正式组织与正式组织的区别

非正式组织与正式组织存在密切的相互作用。一方面，非正式组织在正式组织之间或依附于正式组织成立；另一方面，非正式组织对正式组织的活动产生影响，二者有可能相互补充，也可能引发对立、导致冲突。

①目标不同。正式组织存在明确的目标，重视活动为组织带来的效益；非正式组织并不存在明确稳定的共同目标，追求的是和谐的人际关系和成员的归属感、满足感。

②行为逻辑不同。正式组织要求成员按照组织人格行事，通过非人格化的规章制度约束成员的行为；非正式组织则尊重参与者的个人人格，通过与组织目标无关的约定俗成的规则限制其行为，参与者的行为受情感支配。

③结合紧密程度不同。正式组织有严格的管理层级和岗位职责，通过正规化的组织体系将成员联系在一起；非正式组织不存在明确的结构和层级，信息传递的通道完全是开放的、发散的，当然也就不存在越权的问题。

④权威来源不同。正式组织中领导者的权威更多地来自职位性因素，非职位性因素只是一种补充；非正式组织中并没有稳定的领导者，权威来自参与者的非职位性因素，如资历、人品等。

3. 非正式组织与正式组织的整合

（1）重视非正式组织的作用

①满足组织成员的需要。

②有利于促进组织内部沟通。

③有利于增加组织成员间的默契，增强凝聚力。

④有利于组织活动的有序开展。

（2）减少非正式组织的消极影响

非正式组织对正式组织的影响也有消极的一面。具体表现在：与正式组织目标的冲突；小道消息、流言影响组织沟通；对成员吸引力过大影响工作投入；对正式组织中领导的权威形成挑战等。

消除非正式组织对正式组织的影响：

①通过提高组织成员在决策中的参与性，避免目标冲突。

②加强沟通与信息共享，避免小道消息蔓延。

③关心成员的工作、生活状况，对非正式组织进行正确引导。

④鼓励各级管理者参与非正式组织的活动，树立权威。

⑤营造有利于整合的组织文化和氛围。

【经典考研例题】

①非正式组织的含义及对目标完成的影响。（哈尔滨工程大学2015年简答题）

②正式组织与非正式组织有何区别？（中国海洋大学2018年简答题）

③非正式组织。（东北大学2022年、中国社会科学院大学2020年名词解释题）

考点9 层级整合

层级整合是指组织在纵向设计中需要确定的管理幅度、层级数量以及体现了不同集权程度的各层级之间的权责关系。层级整合包括管理幅度设计、组织设计中的集权与分权和组织设计中的授权问题。

1. 管理幅度设计

（1）管理幅度与管理层级的关系

当组织规模一定时，管理幅度与组织层级呈现出反比例关系。管理幅度越大，同样规模的组织所需要的组织层级越少；反过来，管理幅度越小，组织层级也就越多。

（2）管理幅度设计的影响因素

①工作能力。这里说的工作能力是指管理者和被管理者的综合能力，包括知识、经验、理解能力、表达能力、概括能力、应变能力等。

②工作内容和性质。管理者所处组织层级与管理幅度密切相关，高层级的管理幅度不宜过大，而基层组织的管理幅度可以增大；下属

工作的相似性也会影响有效管理幅度，相似性越高，有效管理幅度越大，反之越小；计划的完善程度越高，越有利于下属执行，管理者需要进行解释、协调的场合就会越少，有效管理幅度也相应增大；程序化程度同样影响有效管理幅度，管理的程序化程度越高，下属职能部门能够分担的任务也就越多，有效管理幅度能够随之增大。

③工作条件与环境。管理工作的辅助体系、助手配备情况、沟通工具的发达程度和信息化程度、业务活动的地理分布、政策的稳定性等工作条件和环境方面的因素也会影响有效管理幅度，需要在管理幅度设计中加以考虑。

④成员的差异性。有效管理幅度还受到组织成员的文化背景、价值观、对待工作和生活的态度、忠诚度等因素的影响，上下级之间、成员之间的差异性越大，达成共识的难度就越大，能够实行有效控制的幅度也就越小。

【经典考研例题】

①确立管理幅度应该考虑的因素。（哈尔滨工程大学 2018 年简答题）

②管理幅度。（四川农业大学 2017 年、东北大学 2020 年名词解释题）

③简述管理幅度的影响因素。（湖南师范大学 2020 年简答题）

2. 组织设计中的集权与分权

（1）职权的来源与形式

从组织设计的角度分析，组织中各层级的权力来自其职位，因此又称为职权。职权有以下三种类型：

①直线职权。直线职权是指管理者直接领导下属工作的权力，自组织的顶端一直延伸到底部，形成一条线形的指挥链。

②参谋职权。参谋职权是指组织中的参谋人员拥有的某些特定的权力，如建议、审核、对直线职权的评价等，是对直线职权的一种补充。

③职能职权。直线管理者除了听取参谋的建议，必要时还可以将部分职权授予其他个人或职能部门，被授权方可以是管理者直接管理的下属，也可以是自己管辖之外的部门。

（2）集权与分权

集权是指决策权集中在组织高层的一种权力系统。与之相对应，分权是指决策权分散在组织各部门的权力系统。

（3）影响分权程度的因素

①组织规模。组织规模越大，管理层级、部门数量、管理人员势必越多，沟通路径和复杂性增加，需要及时分权以分担管理人员的压力，提高决策的速度和质量。

②政策的统一性。如果组织内部结构相似、政策统一，则可以采取集权的方式进行层级整合；反过来，如果组织各部门之间差异较大，需要采取不同的政策以保证其发展，则需要提高分权程度。

③成员的自我管理能力。如果各级管理者、组织成员的自我管理能力强，就为分权提供了充分的条件。与此同时，自我管理能力越高，组织成员越需要独立开展工作，分权正好能够满足这种需求。因此，在知识经济时代，学习型组织分权程度较高。

④组织的可控性。组织的可控性是影响分权程度的一个重要因素。集权应以不妨碍下属履行职责、有利于调动积极性为宜，而分权应以下级能够正常履行职责，上级对下级的管理不致失控为准。

⑤组织的发展阶段。组织在生成、成长阶段应当适度集权；在成熟阶段、衰退阶段则需要提高分权程度，以调动各部门的积极性，提高组织对内外环境变化的适应性；当衰退不可避免、组织进入再生阶段时，需要通过强有力的领导来力挽狂澜，因此有必要提高集权程度。

【经典考研例题】

①简述集权分权的影响因素。（郑州大学 2021 年、哈尔滨工程大学 2021 年、西北农林科技大学 2020 年简答题）

②集权。（四川农业大学 2019 年、2020 年名词解释题）

③参谋职权。（中国海洋大学 2018 年名词解释题）

3. 组织设计中的授权问题

（1）授权的含义

分权和授权是两个极相似的概念，其实质都是权力的转移，但二

105

者又有着本质的区别。分权是权力在组织系统中的分配，而授权是组织中的管理者将部门职权授予下属或参谋，由其代为履行职责的一种形式；分权的主体是组织，而授权的主体是拥有职权的管理者；分权的对象是部门或岗位，内容全面，而授权的对象是具体的人员，授权内容也局限在上级管理者的部门职权；分权具有恒久性，往往伴随着组织结构的调整而调整，授权则更加灵活，可以是长期性的，也可以是临时性的。

授权有以下含义：

①工作任务安排。管理者将工作任务分派给下属，意味着下属可以按照工作目标和要求，在执行任务的过程中发挥其主观能动性。

②权力转移。上级管理人员将部门职权一次性或临时性地授予参谋或下属，被授权方就拥有了相应范围内的权限。

③明确责任。权力与责任是一对孪生兄弟，权力的转移也就意味着管理者将相关工作的执行责任移交给被授权者，自身则承担授权和监管的责任。因此，授权同时是一个明确责任的过程。

（2）有效授权的影响因素

①授权内容。如果授权内容过多，可能影响上级管理者的权威；授权内容过少，不仅不利于下属积极性的发挥，而且不能减轻管理者的负担。

②信息的共享程度。如果管理者仅仅将部分职权授予对方，而不提供充分的信息，下属可能无所适从。因此，信息共享程度会对授权的有效性产生重要影响。

③授权者的主观态度。授权者是授权过程的起点，其主观态度对能否进行有效授权具有决定性影响。这种主观态度包括权力观、授权意愿、责任心等。

④接受方的条件。接受方需要具备一定的条件，如与授权内容相关的知识、能力、经验和责任心等。

⑤隐含的奖励。隐含的奖励，包括物质层面和精神层面的奖励。

（3）授权的原则

①目的性原则。授权应该有明确的目的。

②信任原则。权力的授予要以双方信任为基础，这就要求上级管理者充分信任下属。

③权责一致原则。权责一致的原则要求管理者充分授权并鼓励下属承担相应的责任，这样不仅能够提高授权的有效性，也有利于人才的培养。与此同时，上级管理者要根据任务完成情况和工作效果对下属的工作给予相应的鼓励。

【经典考研例题】

授权。（东南大学 2020 年、山东大学 2017 年名词解释题）

考点 10 直线与参谋的整合

组织中存在两类管理人员：直线管理人员和参谋人员。直线管理人员是指位于组织纵向层级中特定职位的管理者，拥有直线职权；参谋人员是指从专业的角度为特定层级的管理者提供咨询、建议的管理者。

1. 直线与参谋的关系

直线与参谋之间既相互联系，又存在明显的区别。二者之间的关系影响组织整合的难度。

（1）直线与参谋的联系

①直线与参谋都是组织的管理者，共同为组织目标服务。

②参谋为直线管理者提供咨询、建议与审查等方面的专业服务。

③直线与参谋都是为了克服管理人员的局限性而设置的。直线部门存在的必要性来自管理幅度的限制，参谋的设置是为了弥补直线管理人员专业知识和精力方面的局限性。

④直线和参谋的角色可以转换。直线管理人员可能作为上级、下级和同级直线管理人员的参谋，而参谋人员可能在承担一定参谋职权的同时兼任一个部门的直线管理者。

（2）直线与参谋的区别

①职权性质不同。直线管理者拥有直线职权，是组织指挥链不可

或缺的组成部分；参谋人员拥有参谋职权，依附于某一个直线部门。

②设置方式不同。直线部门是按照组织层级自上而下逐级设置的，相互之间是一种命令与服从的关系，参谋则是按照专业需求进行设置的，相互之间并不存在明显的等级。

③在决策中的角色不同。直线管理者拥有与其岗位相适应的决策权，而参谋并不具有决策权，只是通过向直线管理者提供建议，从而影响决策。

④考核标准和待遇不同。直线管理者的待遇取决于所在组织层级、职位和绩效，而参谋人员的待遇则由所提供的建议、服务的价值决定。

⑤所承担的责任不同。直线管理者做出决策并对决策的结果负责，而参谋人员只是向直线管理者提出建议，并不承担决策结果的责任。

2. 直线与参谋产生矛盾的原因

（1）统一指挥影响参谋作用的发挥

（2）直线对参谋的轻视和抵制

（3）参谋不尽责

（4）参谋过高估计自身作用

3. 直线与参谋的整合方法

（1）慎重对待参谋的设置

直线与参谋之间发生冲突往往是参谋设置不当造成的，如参谋设置过多、用人不当等。设置过多往往是因为直线管理者能力的欠缺，用人不当则可能是组织过于重视参谋的专业知识、忽视其适应性造成的。

如何避免直线与参谋的冲突：

①提升直线管理者的综合能力，适当控制参谋的规模。

②重视参谋对工作的适应性。

③重视参谋的来源。参谋可能来自组织内部，也可能来自组织外部。

（2）明确职责关系

①明确各自的职责关系。直线与参谋的关系可以简单概括为"直线决策、指挥、执行，参谋思考、筹划、建议"。

②完善直线管理者与参谋的沟通机制。

（3）授予参谋必要的职能职权

为了有利于参谋发挥作用，克服直线管理者非理性因素的影响，组织可以在必要时授予参谋部分职能权力。

【经典考研例题】

①试述组织中直线和参谋的基本含义，以及有效发挥参谋作用的主要方式分别是什么。（南京审计大学 2019 年论述题）

②如何处理直线与参谋之间的关系？（中国海洋大学 2019 年、吉林大学 2020 年简答题）

第七章　人员配备

　　本章主要包括人员配备的任务、工作内容和原则，人员选聘，人事考评和人员的培训与发展四部分内容。考试中以名词解释、简答题为主。

知识框架

```
                          人员配备的任务、        ┌ 人员配备的任务
                          工作内容和原则          ├ 人员配备的工作内容
                                                  └ 人员配备的原则

                                                  ┌ 人员的来源
                          人员选聘                ├ 人员选聘的标准
                                                  ├ 人员选聘的途径与方法
   第七章                                         └ 人员录用
   人员配备
                                                  ┌ 人事考评的功能和要素
                          人事考评                ├ 人事考评的方法
                                                  └ 人事考评的工作程序

                                                  ┌ 人员培训的功能
                          人员的培训与发展        ├ 人员培训的任务
                                                  └ 人员培训的方法
```

考点1 人员配备的任务、工作内容和原则

人员配备，一般是指组织中基于组织岗位要求对人员的配备，既包括组织管理岗位的人员配备，也包括非管理岗位的人员配备。

1. 人员配备的任务

（1）为组织岗位物色合适的人选。人员配备的首要任务就是根据岗位工作需要，经过严格的考查和科学的论证，找出或培训组织所需的各类人员。

（2）促进组织结构功能的有效发挥。不同素质、能力和特长的人员分别安排在适当的岗位上，使人员配备尽量适应各类职务的性质要求，使各职务应承担的职责得到充分履行，这样组织设计的要求才能实现，组织结构的功能才能充分发挥出来。

（3）充分开发和挖掘组织内的人力资源。适当的选拔、配备和使用、培训人员，可以充分挖掘每个成员的内在潜力，实现人员与工作任务的协调匹配，做到人尽其才、才尽其用，从而使人力资源得到高度开发。

（4）促进人的全面和自由的发展。人员配备要注意对人的培养，使人员在组织中充分发挥自己的主观能动性时自身的素质也得到提升，最大限度地实现全面发展。

2. 人员配备的工作内容

（1）确定组织人员需要量。确定组织人员需要量的主要依据是组织设计出的岗位职务类型和岗位职务数量。岗位职务类型指出了需要什么样的人，岗位职务数量则告诉我们每种类型的职务需要多少人。

（2）为组织选配人员。人员配备的任务就是从组织的岗位要求出发从组织内部或组织外部选聘到适合组织岗位要求的人员。

（3）根据组织要求制定和实施人员培训计划。人员培训无疑是人员配备中的一项重要工作。培训既是为了适应组织技术变革、规模扩大的需要，也是为了组织成员个人的充分发展。因此，要根据组织的成员、技术、活动、环境等特点，利用科学的方法，有计划、有组织、有重点地进行培训。

3. 人员配备的原则

（1）任人唯贤原则。

（2）程序化、规范化原则。人员的选聘必须遵循一定的程序和标准。只有严格按照规定的程序和标准办事，才能选聘到真正愿为组织发展做出贡献的人才。

（3）因事择人、因材器使原则。因事择人就是人员的选聘应以职位的空缺和实际工作的需要为出发点，以职位对人员的实际要求为标准，选拔、录用各类人员。因材器使，是指根据人的能力和素质的不同，去安排不同要求的工作。

（4）量才使用、用人所长的原则。量才使用就是根据每个人的能力大小安排合适的岗位。用人所长，是指在用人时不能求全责备，管理者应注重发挥人的长处。

（5）动态平衡原则。动态平衡，就是要使那些能力发展充分的人，去从事组织中更重要的工作。同时要使能力平平、不符合职位需要的人得到识别及合理的调整，最终实现人与职位、工作的动态平衡。

【经典考研例题】

人员配备的原则。（成都理工大学 2018 年、四川农业大学 2018 年简答题）

考点 2   人员选聘

1. 人员的来源

（1）组织内部人员

内部选聘，即通过对组织内成员晋升、职位调动和工作轮换等形式，选聘组织发展需要的人员。内部选聘的最大优点是能提高组织选聘的效益。

（2）组织外部人员

需要选聘的人员来自组织外部。具体来源有：

①内部人员介绍推荐。即组织内部人员以口头方式传播选聘信息，推荐和介绍职位申请人到组织中来。

②上门求职者。即从主动上门求职者中寻找所需要的人员。

③劳务中介机构。即那些专门向组织提供人力资源的机构。我国劳务中介机构的形式有临时劳务中介机构、固定劳动力介绍机构、各类各级人才交流中心和专门从事提供高级管理人员的猎头公司等。

④教育机构。这是组织从外部获取人力资源，尤其是新生人力资源的主要来源。

外聘的优点体现在以下几个方面：

一是能给组织带来新观念、新思想、新技术和新方法；

二是外来者与组织成员之间无裙带关系，因而能较客观地评价组织工作，洞察存在的问题；

三是组织能聘用到已经受过训练的人员，及时满足组织对人才的需要，因而在组织没有合适人才时，外聘费用通常比培训一个内部成员要便宜；

四是外聘人员使用较灵活，组织可根据组织活动情况与外聘者签订短期或临时的工作合同。

外聘也有以下不足之处：

一是有可能挫伤内部成员的工作积极性，因为外聘就意味着内部成员内聘机会的减少；

二是外聘者需要较长调整时间来适应组织环境和工作；

三是管理职务上的外聘者可能照搬老经验来管理新组织，而忽视了调整自身来适应该组织，忽视了经验与组织发展的有机结合。

2. 人员选聘的标准

人员选聘要做到三个匹配，即人员技能与岗位职责相匹配；人员个性与岗位特点相匹配；人员价值观与组织价值观相匹配。只有人员的三个匹配度都符合组织的要求，所聘人员才有可能适应组织的工作。

3. 人员选聘的途径与方法

（1）组织内部选聘的途径与方法

当组织中某一岗位或职位发生空缺时，首先应考虑从现有成员中调剂解决，或是在组织内按照有关标准考评提拔。

内部选聘的优点：

一是可以提供激励因素和培养组织成员的忠诚度。

二是通过内部选聘，组织比较容易对其进行全面了解，所需要的培训较之外部人员少，能节约部分培训费用，省时、省力、省资金。

三是被提升的组织成员熟悉工作环境，可以迅速适应新的工作岗位，实现人与事的更好结合，有利于组织和成员自身的发展。

内部选聘的缺点：

一是不利于引入新思想。

二是大量从组织内部提升管理人员还会导致人际关系复杂，人际矛盾加剧，经营思想保守、墨守成规等不利后果，并由此产生不公正现象和庇护关系。

适用情况：组织内部管理制度有效，组织成员的工作作风良好，组织不想改变目前的状况，就可以运用内部选聘的方式。

方法：组织内部选聘主要包括组织内部成员的提升和组织内部的职位调动两种方式及相应的选聘方法。

第一，组织内部人员的提升。提升内部成员是填补组织内部空缺的最好办法。要使内部提升计划取得成功，必须做好以下三项工作：

一是考查组织成员是否具有提升的资格，确定提升候选人。

二是测试提升候选人。

三是确定提升人选。

第二，组织内部职位的调动。组织内部职位的调动是指组织将组织成员从原来的岗位调往同一层次的空缺岗位去工作。组织内部职位的调动通常由以下原因引起：

一是组织结构调整的需要。

二是对组织成员培养的需要

三是组织成员对现任岗位不适应。

四是调动组织成员的积极性。

五是人际关系问题。

第三，内部选聘方法。内部选聘主要通过职务选聘海报、口头传播、从组织的人员记录中选择、以业绩为基础的晋升表等方法进行，其中常用的是职务选聘海报。

（2）组织外部人员招聘

外部招聘的途径有以下几种：

①职业介绍机构与人才交流市场。

②猎头公司。猎头公司是指一些专门为组织选聘高级人才或特殊人才的职业选聘机构。

③校园选聘。高等院校和职业学校是组织选聘管理人员和专业技术人员的重要途径之一。

④公开选聘。公开选聘是指组织利用广播、电视、报纸、杂志、互联网和海报张贴等多种途径向社会公开宣布选聘计划。

外部招聘的方式有以下两种：

①招聘广告。这是指利用报纸、杂志、电视和电台发布招聘信息，其中在报纸上刊登招聘广告是最常用的外部选聘方法。

②网上招聘。这是指通过计算机网络向公众发布招聘信息。

外部招聘的程序通常分为准备筹划、宣传报名、全面考评和择优录取四个阶段。

【经典考研例题】

①选聘管理人员一般要遵循哪些主要标准？（中国海洋大学 2019 年简答题）

②在管理人员的选聘中，内部招聘有哪些优缺点？（中国海洋大学 2020 年简答题）

③试述内部招聘和外部招聘的优缺点。（成都理工大学 2015 年、东南大学 2020 年简答题）

4. 人员录用

人员录用决定着组织人力资源的数量、质量和结构，是人力资源管理的前提和基础，是组织绩效和目标的重要保证。采用有效的录用方式、确定科学的录用流程是人员录用的主要工作。

（1）人员录用的方式及注意事项

人员录用是依据选拔的结果做出录用决策并进行安置的活动，其中关键的内容是做好录用决策。

一般的录用方式有以下三种：

①多重淘汰式。多重淘汰式中每种测试方法都是淘汰性的，应聘者必须在每种测试中都达到一定的水平，方能合格。

②补偿式。补偿式中不同测试的成绩可以互为补充，最后根据应聘者在所有测试中的总成绩做出录用决策。

③结合式。结合式中，有些测试是淘汰性的，有些是可以互为补充的，应聘者通过淘汰性的测试后，才能参加其他测试。

在做出最终录用决策时注意：尽量使用全面衡量的方法。减少做出录用决策的人员。不能求全责备。

（2）人员录用流程

根据实际情况，建立并形成具有组织特色的人员录用流程是进行人员录用管理的重要依据。录用流程包括四个阶段：录用准备、录用甄选、录用实施、录用评估。

考点3　人事考评

1. 人事考评的功能和要素

（1）人事考评的功能

①人事考评是实现组织绩效目标的有力工具。

②人事考评有助于形成激励机制。

③人事考评是一种反馈机制，可以促进组织成员共同协调发展。

（2）人事考评的要素

①人员考核的基本要素

对人的评价应该是综合性的，所以对人的考核要全面，不能只看一面而忽略另一面。人员考核要素，从大的方面讲主要包括四个部分：职业品德、工作态度、工作能力、工作业绩。

总之，组织设计的考核要素要基本涵盖考核对象的工作内容，从而对被考核者做出全面的了解和评定。

②区别不同类型的考评对象确定考核要素

对于不同岗位的组织成员，由于工作性质和工作内容的不同，所以考核要素的设定也应该分门别类，只有这样，考核才具有针对性。

③依据考核要素完善人事考评指标体系

人事考评通过考评指标体系来实施。考评指标的设计包括指标内容与标准的确定及量化等主要工作，指标内容的设计包括考评要素拟定、要素标志选择及标志状态标度划分三项内容。

2. 人事考评的方法

（1）实测法。实测法是指通过各种项目实际测量进行考评的方法。

（2）成绩记录法。成绩记录法是指将取得的各项成绩记录下来，以最后累积的结果进行评价的方法。

（3）书面考试法。书面考试法是指通过各种书面考试的形式进行考评的方法。

（4）直观评估法。直观评估法是指依据对被考评者平日的接触与观察，由考评者凭主观判断进行评价的方法。

（5）情境模拟法。情境模拟法是指设计特定情境，考查被考评者现场随机处置能力的一种方法。

（6）民主测评法。民主测评法是指由组织成员集体打分评估的考核方法。

（7）因素评分法。因素评分法即分别评估各项考核因素，为各因素评分，然后汇总，确定考核结果的一种考核方法。

3. 人事考评的工作程序

（1）确定考核目标。

（2）制定考核标准。

（3）衡量岗位工作、收集岗位信息。

（4）做出综合评价。

（5）考评结果反馈和备案。

考点4 人员的培训与发展

1. 人员培训的功能

（1）培训能提高组织成员的综合素质

培训还能为组织发展提供新的工作思路、知识、信息、技能，增长组织成员的才干，提升敬业精神，直接提高经营管理者能力水平和成员的技能，使之综合素质得到提升。

（2）培训有利于组织文化的建设

培训能促进组织与组织成员、管理层与非管理层的双向沟通，增强组织向心力和凝聚力，塑造优秀的组织文化。

（3）培训可以提升组织能力

通过培训提升组织成员的素质能力和组织的凝聚力也是创建优秀组织的基本途径。

2. 人员培训的任务

（1）为组织战略的实施准备人力资源。

（2）传播组织知识和文化，加强知识管理和组织文化建设。

（3）帮助组织成员成长。

（4）创造良好的组织环境。

3. 人员培训的方法

（1）培训分类

①岗前培训。岗前培训，即组织成员在进入岗位前进行的培训。岗前培训包括新成员到职培训和调职人员岗前培训两种类型。

②在职培训。在职培训是针对在职人员进行的培训，其目的在于提高其工作效率、以更好地协调组织的运作及发展。培训内容和方式一般均由部门决定。

③专题培训。专题培训有利于组织成员了解组织发展状况和经济社会发展形势的变化，开阔其视野，提升其素质。

（2）培训的方法

①讲授法。用于一些理念性知识的培训。

②视听技术法。视听技术法是通过现代视听技术（如投影仪、DVD、录像机等工具）进行培训。

③讨论法。讨论法按照费用与操作的复杂程序又可分成研讨会与一般小组讨论两种方式。

④案例研讨法。案例研讨法是通过向培训对象提供相关的背景资料，让其寻找合适的解决方法。

⑤角色扮演法。角色扮演法是让受训者在培训教师设计的工作情境中扮演某个角色，其他学员与培训教师在学员表演后做适当的点评。

⑥互动小组法。互动小组法也称敏感训练法。此法主要适用于管理人员的实践训练与沟通训练。

⑦网络培训法。网络培训法是利用计算机网络信息和技术进行培训的一种方式。

⑧师徒传承法。师徒传承法也叫师傅带徒弟、学徒工制、个别指导法，是由一个在年龄上或经验上资深的人员，支持一位资历较浅者进行个人发展或生涯发展的方式。

【经典考研例题】

①概述员工培训的目标与方法。（首都师范大学 2013 年简答题）

②管理人员培训的方法有哪些？（吉林大学 2019 年简答题）

【补充知识点】人力资源管理

人力资源管理是指管理者对与一定的物力相适应的人力所执行的招聘、培训、考核、报酬以及各种关系的职能或管理行为。

人力资源管理过程包括：人力资源规划、招聘和解聘、甄选、上岗引导、培训、绩效管理、薪酬与福利和职业发展八个步骤。这八项活动或步骤是组织选配到合格的员工并使之保持高绩效水平所不可或缺的。其中，前三项活动可确保组织识别和选聘到有能力的员工；紧接着的两项活动是使得员工的技能和知识不断得到更新；最后三项活动则保证组织能保有长期保持高绩效水平的能干、优秀的员工。

第八章　组织文化

复习指导

本章包括组织文化概述、组织文化的构成与功能、组织文化塑造三部分，考试中以名词解释、简答和论述题为主。

知识框架

第八章
组织文化
- 组织文化概述
  - 概念与分类
  - 特征
  - 影响因素
- 组织文化的构成与功能
  - 构成
  - 功能
  - 反功能
- 组织文化塑造
  - 选择价值观
  - 强化认同
  - 提炼定格
  - 巩固完善

考点1 组织文化的概念与分类

1. 组织文化的概念

（1）文化的含义

对文化的概念有广义和狭义两种阐释，广义的文化是指人类社会历史实践中所创造的物质财富和精神财富的总和，而狭义的文化则是指社会的意识形态以及与之相适应的制度和组织机构。

（2）组织文化的含义

组织文化指的是一个组织在长期实践活动中形成的具有本组织特征的文化现象，是组织中的全体成员共同接受和共同遵循的价值观念和行为准则。

（3）了解组织文化本质的途径

①鉴别组织的价值观、行为哲学、使命和宗旨。

②理解组织的边界。

③理解组织的权力结构。

④理解组织中的工作惯例与规范。

⑤考察组织的奖惩机制。

2. 组织文化的分类

（1）按组织文化的内在特征分类

①学院型组织文化。学院型组织喜欢雇用年轻的大学毕业生，并为他们提供大量的专门培训，然后指导他们在特定的职能领域内从事各种专业化工作。

②俱乐部型组织文化。俱乐部型组织非常重视适应、忠诚和承诺。在这种组织中，资历是关键因素，年龄和经验至关重要。

③棒球队型组织文化。棒球队型组织鼓励冒险、革新和发明创造。

④堡垒型组织文化。堡垒型组织着眼于组织生存。

（2）按组织文化对组织成员的影响力分类

①强力型组织文化。

②策略合理型组织文化。

③灵活适应型组织文化。

（3）按组织文化所涵盖的范围分类

①主文化。主文化体现的是一种核心价值观，它为组织大多数成员所认可。我们的研究所涉及的组织文化，一般都是指组织的主文化。

②亚文化。亚文化是某一社会主流文化中一个较小的组成部分。组织中的主文化虽然为大多数成员所认可和接受，但它不可能包含组织中的所有文化。

（4）按权力的集中度分类

①权力型组织文化，又称独裁文化。这样的组织常常由一个人或一个很小的群体领导，不太看重组织中的正式结构和工作程序。

②作用型组织文化，又称角色型组织文化，是传统官僚型组织文化的典型形式。在这种组织内部有健全的正式规则、规章制度和工作程序。

③使命型组织文化，又称任务文化。在这种文化中，团队的目标就是完成设定的任务。

④个性型组织文化。这是一种既以人为导向又强调平等的文化。这种文化富有创造性，孕育新观点，允许每个人按照自己的兴趣工作，同时保持相互有利的关系。

（5）按文化、战略与环境的配置分类

①适应型组织文化。也称企业家精神型组织文化，其特点是通过实施灵活性和适应客户需要的变革，把战略重点集中在外部环境上。

②愿景型组织文化。适用于那些关注外部环境中的特定顾客但不需要迅速改变的组织，其特征在于管理者建立一种共同愿景，使组织成员都朝着一个目标努力。

③小团体型组织文化。强调组织成员的参与和共享。秉持这种文化的组织，非常看重其在外部环境快速变化中取得优异绩效对组织成员的依赖性。

④官僚制型组织文化。具有内向式的关注中心和对稳定环境的一致性定位，是一种支持商业运作程式化的文化，遵循传统和随之确定的政策与实践是达到目标的一种方式。

【经典考研例题】

组织文化。（西南财经大学2021年、东南大学2019年、湘潭大学2017年名词解释题）

考点2 组织文化的特征

1. 精神性。从本质上讲，组织文化是一种抽象的意识范畴，是存在于组织内部的一种群体意识现象、意念性行为取向和精神观念。

2. 系统性。任何组织文化都是由共享价值观、团队精神、行为规范等一系列相互依存、相互联系的要素构成的一个系统。

3. 相对稳定性。组织文化一旦形成，就具有较强的稳定性，它不会因组织领导人的变更、发展战略的转移、组织结构的变化，以及产品与服务的调整而随时改变或频繁变化。当然，组织文化的稳定性也是相对的，也就是说组织文化并不是一成不变的。

4. 融合性。任何组织都处于一定的社会文化环境中，其文化的形成必然会受到所在国家民族文化传统和价值体系的深刻影响，因而与其他经济社会文化背景下产生的组织文化具有显著差异。

【经典考研例题】

简述组织文化的特征。（东北大学2021年简答题）

考点3 组织文化的影响因素

1. 外部因素

（1）民族文化。民族文化是指世界上各民族在其长期历史发展过程中创造和积累起来的具有本民族特征的文化。

（2）制度文化。制度文化是指人类适应自身生存和社会发展需要而主动创建的规范体系，其核心内容是国家的政治制度、法律制度和经济制度。

（3）外来文化。其他国家、民族、区域、行业的文化以及其他组织的文化都是外来文化，这些外来文化对于其组织文化的形成和发展具有多重影响。

2. 内部因素

（1）领导者的素质。组织的宗旨、使命、传统习惯等都从某种程度上体现了组织领导者的价值观。

（2）组织成员的素质。组织成员的素质成为组织文化层次和水平的直接影响因素。

（3）组织发展的不同阶段。创业初期时容易形成短视和追求功利的文化氛围；成长期后，其各项事业顺利发展，组织文化初步形成；进入成熟期后，组织文化基本形成。

考点4　组织文化的构成

如同文化一样，组织文化也由物质层（表层文化）、制度层（中层文化）和精神层（核心文化）三个基本层次构成。

1. 物质层的组织文化。物质层的组织文化包括组织的整个精神和物质的活动过程、组织行为、工作流程、工作语言、做事风格等外在表现形式，也包括组织实体性的文化设备和设施等，如带有本组织特色的生产环境、雕塑、图书馆、俱乐部等。

2. 制度层的组织文化。制度层的组织文化主要是指组织文化中对组织及其成员的行为产生规范性、约束性影响的部分，包括具有组织特色的各种规章制度、道德规范和行为准则，以及组织中分工协作的组织结构。

3. 精神层的组织文化。精神层的组织文化是组织在其长期历史发展中形成的组织成员群体心理定式和价值取向，是组织的价值观、道德观即组织哲学的综合体现。

【经典考研例题】

①组织文化的结构和功能。（青岛大学2017年简答题）

②组织文化包括哪三个基本层次？各层次又包括哪些内容？（广

西民族大学 2020 年简答题）

考点5　组织文化的功能与反功能

1. 组织文化的功能

组织文化的功能指的是组织文化发生作用的能力。组织文化作为一种自组织系统具有多种特定功能。

（1）导向功能。组织文化主要从两个方面发挥导向功能：一是直接引导组织成员的心理和行为；二是通过整体的价值认同来引导组织成员。

（2）凝聚功能。组织文化的凝聚功能，是指它能够以各种微妙的方式沟通组织成员的思想感情，融合人们的理想、信念和情操，培养和激发其群体意识。

（3）激励和约束功能。激励功能是指最大限度地激发工作的积极性、主动性和创造性；约束功能是指潜在于组织中的文化氛围、群体行为准则和道德规范等，形成一种软约束，对每一个组织成员的思想、心理和行为都具有很强的约束和规范作用。

（4）辐射功能。指组织文化一旦形成较固定的模式，不仅会在组织内发挥作用，对本组织成员产生影响，而且会通过各种渠道向社会辐射，对社会产生影响。

（5）调适功能。组织文化可以帮助新加入组织的成员尽快适应组织，使自己的个人价值观更好地与组织需要相匹配。

2. 组织文化的反功能

对组织的影响并不一定完全是正能量，组织文化的反功能对组织有害无益，所以，我们也不能忽视其潜在的负效应。

（1）变革的障碍。组织环境在经历迅速的变革时，现有文化所决定的思维定式可能使组织难以应对变幻莫测的环境，甚至阻碍组织适时进行主动变革。当问题积累到一定的程度时，这种障碍可能导致组织遭受致命打击。

（2）多样化的障碍。强势的组织文化会导致组织丧失其成员构成多样化带来的优势，做出单调的决策，甚至因此贻误时机。

（3）并购的障碍。组织并购成功与否，在很大程度上取决于两个组织之间的文化能否有效融合。

【经典考研例题】

什么是组织文化，组织文化的功能主要有哪些？（中国海洋大学2020年简答题）

考点6　组织文化塑造

1. 选择价值观

组织价值观是整个组织文化的核心和灵魂，选择正确的组织价值观对组织发展具有重大战略意义。所以，选择价值观是塑造良好组织文化的首要任务。具体来说：

（1）组织价值观要体现组织的宗旨和发展战略与方向

（2）组织价值观要与组织文化各要素之间相互协调

（3）组织价值观要得到组织成员和社会的认可与接受

2. 强化认同

在选择并确立了组织价值观和组织文化模式后，应采取有效的方式进行强化灌输，使得到基本认可的方案真正深入人心。具体做法包括：

（1）广泛宣传

（2）培养和树立典型

（3）加强培训和教育

3. 提炼定格

成熟的组织价值观和组织文化模式的形成不是一蹴而就的，必须经过精心分析、全面归纳和精练定格。

（1）精心分析

（2）全面归纳

（3）精练定格

4. 巩固完善

（1）建立规章制度。为了巩固、落实已提炼定格的组织文化，有必要建立奖优罚劣的规章制度。

（2）领导者率先垂范。领导者必须与组织发展方向保持言行一致，不仅活跃在组织中，而且要经常谈及组织的愿景，并日复一日地去践行。只有领导者以身作则、身先士卒、率先垂范，才能真正带领组织成员为建设优秀的组织文化而共同努力。

【经典考研例题】

①简述组织文化塑造途径有哪些。（中国海洋大学 2018 年简答题）

②什么是组织文化？组织文化的传承方式有哪些？（中国人民大学2019 年论述题）

【补充知识点】组织变革

组织变革是指人员、结构和技术的任意变动，主要包括：

1. 人员的变革

人员的变革是指员工在态度、技能、期望、认知和行为上的改变。变革的主要任务是组织成员之间在权力和利益等资源方面的重新分配。要想顺利实现这种分配，组织必须注重员工的参与，注重改善人际关系并提高实际沟通的质量。

2. 技术与任务的变革

技术与任务的变革包括对作业流程与方法的重新设计、修正和组合，包括更换机器设备，采用新工艺、新技术和新方法等。由于产业竞争的加剧和科技的不断创新，管理者应能与当今的信息革命相联系，注重在流程再造中利用最先进的计算机技术进行一系列的技术改造，同时，组织还需要对组织中各个部门或各个层级的工作任务进行重新组合，如工作任务的丰富化、工作范围的扩大化等。

3. 结构的变革

结构的变革包括权力关系、协调机制、集权程度、职务与工作再设计等其他结构参数的变化。管理者的任务就是要对如何选择组织设计模式、如何制定工作计划、如何授予权力以及授权程度等一系列行动做出决策。

第九章　领导的一般理论

复习指导

　　本章包括领导的内涵与特征、领导与领导者、领导与被领导者、领导与情境四部分，考试中以名词解释、简答题、论述题和案例分析为主，属于重点章节。

知识框架

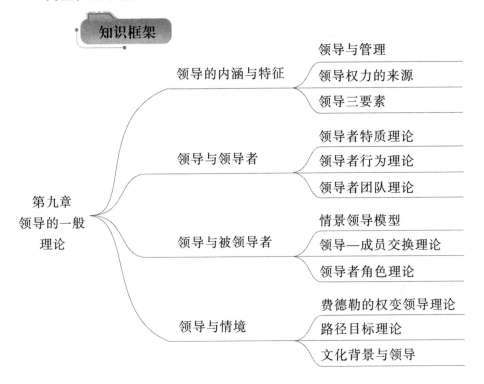

考点1 领导与管理

领导有两个含义：一个是名词，指的是领导者，他们是从事领导活动的人；另一个是动词，即领导，指的是领导行为和过程。

1. 通常认为领导和管理主要存在以下差异

（1）两者的职能范围不同。从管理过程理论来说，领导是管理的一个部分，管理除了领导职能，还包含了决策、组织和控制。

（2）两者的权力来源不同。管理的权力来自组织结构，建立在合法的和强制性的权力基础之上；领导的权力可以来源于其所在职位，即组织结构的权力，也可以来源于其个人，如专家的权威性或个人的魅力等。

（3）两者的主要功能不同。管理是为了维持秩序，在一定程度上实现预期的计划，使事物能够高效地运转，比如实现股东们要求的预算，满足客户的要求。领导则能带来变革，比如实现组织活动方向与方式的创新。

2. 管理和领导通过不同的途径发挥它们的功能

（1）目标制定过程。管理强调微观方面，领导注重宏观方面。

（2）人力资源配备。管理按照计划的需要构建组织，领导通过愿景目标和战略影响组织成员。

（3）计划执行方式。管理侧重于通过详细的监督和控制解决问题，保证计划执行；领导倾向于通过授权和激励等方式鼓舞组织成员迎接挑战，完成任务。

3. 管理和领导的区别使得管理者和领导者特征也存在差异

管理者更加理性和善于结构化地解决问题，领导者以愿景和个人魅力激励组织成员，带动变革。

【考点小贴士】

领导者和管理者在生活中可能区分得不是很严格，但是从管理学角度看，两者不能等同。从组织类型的角度看，正式组织有领导者和管理者，但是非正式组织只有领导者，没有管理者。

【经典考研例题】

①试述领导与管理的区别。（暨南大学2021年简答题）

②简析领导者与管理者的区别。（哈尔滨工业大学2014年简答题）

③简单分析领导者与管理者的联系与区别。（浙江工业大学2020年简答题）

考点2 领导权力的来源

1. 职位权力

职位权力是与领导者的职位相关的，其在组织中的职位赋予他们奖赏、惩罚和指挥下属的权力。具体包括：

①奖赏权力。这是一种能够对他人进行奖赏的权力，奖赏的力量随着下属认为领导可以给予奖励或去除负面影响而增强。这些奖赏包括发奖金、提升职位等正式的奖励方式，也包括转换工作环境、表扬等非正式的奖励方式。最重要的是领导给予的奖赏要与下属的需求相一致。

②强制权力。这是一种惩罚的权力。虽然强制权力也来自下属的预期，但与奖赏权力相反，假如下属工作无法达到要求，将会被领导处罚。强制权力利用下属对可能遭受的惩罚和恐惧对其产生影响力，但往往会带来不满与对抗，需要谨慎使用。

③法定权力。指特定职位和角色被法定的、公认的正式权力。文化价值观、接受社会结构和合法化的任命是法定权力的三种基础，对组织任命的部门主管，下属必须听从安排与指挥。

2. 个人权力

个人权力是与职位无关，而是与领导者个人的魅力或专业知识有关的权力。具体包括：

①参照权力。这种权力源于领导者个人的特征，包括行为方式、

魅力、经历、背景等，其基础是下属对领导者这些特征的认同，或是一种对认同的渴望，此时下属会期望自己的行为、感觉或信仰能够像领导者一样。

②专家权力。这种权力产生于领导者个人的专业知识或技能。专家权力的大小取决于领导者知识的完备程度或下属对于领导者具备特定的知识的知觉。

【经典考研例题】

①源于职位的权力和源于个人的权力包含哪些类型？（哈尔滨工程大学 2019 年简答题）

②领导者五种权力来源。（新疆大学 2020 年、厦门大学 2020 年、北京邮电大学 2020 年、湘潭大学 2020 年简答题）

考点3　领导三要素

领导行为或过程包含三个要素：领导者、被领导者和情境。领导=f（领导者、被领导者、情境）。这三个要素决定了领导行为的有效性。

1. 领导者是这一行为的主体，也是权威和影响力产生的主要来源，领导者通过一定的方式对下属的行为产生影响，达到组织的目标。对领导者研究主要集中于领导者的个人特质和行为特征。

2. 被领导者是这一行为的客体，但并非只是被动接受指令，他们也会对领导行为的效果产生影响。因为权威真正的确立在于被领导者的接受程度，因此被领导者的特征决定了实施何种领导行为最为有效。

3. 领导行为还应随着组织情境的变化而进行调整。这里的情境既包括任务结构、职位权力、工作特征等组织内部环境，也包括社会文化等组织外部环境。

考点贴士

引出领导三要素的意义在于，领导者、被领导者和环境都是影响领导效能发挥的变量，三者是自变量，领导效能/效果是因变量。本章后边关于领导理论的分类实际上也是基于这一点。

考点4 领导者特质理论

1. 托马斯·卡莱尔的"伟大人物"假设是领导者特质理论的起源。这一假设认为历史是由非凡领导的力量形成的，"世界历史就是这些伟大人物的传记"。领导者特质理论继承了这一假设中的一个重要思想，即成功的领导基于领导者个人特质。

2. 对领导者特质的研究集中在20世纪二三十年代，人们致力于找到那些领导者拥有而非领导者不具备的特质，从而将两者区分。这里的特质指的是人们的一般性特征，包括能力、动机和行为模式等。

3. 伯纳德·巴斯将领导者特质分为不同的类型，主要有生理特性、个性以及社会特性。生理特性包括精力充沛、外貌、讲话的流利程度等；个性包括自信、警觉、创意和创造力等；社会特性包括社会和人际交往技巧、社会参与和外交风范等。

4. 蒂姆西·贾吉等学者以五大人格特质理论（外向性、情绪稳定性、经验开放性、随和性和责任感）为框架对个体特性和领导的关系进行了测量。

5. 柯克帕特里克和洛克基于对领导力过程的关注，指出了成功领导的六个关键特质，在拥有这些特质的同时必须将其转化为特定行动以最终取得成功。这六个核心领导特质分别为内在驱动力、领导动机、诚实与正直、自信、认知能力，以及工作相关知识。

6. 中国古代也有着对领导和管理的论述，而多数学派在谈及这一问题时，都认为成功领导的第一要素就是领导者个人的素质。

考点5 领导者行为理论

1. 独裁与民主

独裁与民主是两种完全不同的领导行为。

库尔特·勒温总结出三种领导方式：独裁型、民主型和放任型。

（1）独裁型的领导认为权力来源于职位，而人类本性懒散，因此需要采取集权管理，以命令的方式鞭策下属工作。

（2）民主型的领导认为权力来源于他所领导的群体，人们受到激励后可以自我领导，因此应该尽量采取授权管理，鼓励下属参与决策。

（3）放任型的领导认为权力来源于被领导者的信赖，人们能找到合适的方法完成工作，因此只需采取一种俱乐部式的领导方式，给下属充分的自由去做出决策。

民主型的领导方式最为有效，不过在领导者参与并监督工作的情况下，独裁型的领导也很有效，但团队的情绪却很糟糕。在实际工作中，要么独裁、要么民主的极端领导风格并不多见，大多数是介于两者之间的。

领导行为连续统一体理论，在这个连续体的范围内提供了管理者们各种可选择的领导方式，既可以是最右端以下属为中心的领导方式（民主型），也可以是最左端以管理者为中心的领导方式（独裁型），还可以选择折中的其他方式，具体采取哪种方式取决于管理者使用权威的程度和下属自主决策时拥有的空间。至于哪一种领导方式更加有效，则需要考虑管理者、下属和环境三个方面的因素。

2. 俄亥俄州立大学的研究

俄亥俄州立大学的一项研究确立了两个重要的领导行为的维度：定规维度和关怀维度。这两个维度本质的区别是：前者以工作为中心，更关心任务的完成；后者以人为中心，更关心下属的满意度。

（1）定规维度是指领导者确定和构建自己与下属的角色，以实现组织的目标。

高定规维度的领导者倾向于明确说明下属的工作分配和完成工作的具体方式，决定工作的最后期限，要求达到工作的绩效标准，关注任务的目标和结果。

（2）关怀维度是指领导者信任和尊重下属，期望与下属建立温暖、和谐的人际关系。

高关怀维度的领导者公正而友善，关心下属，平易近人，欢迎下属对工作进行广泛的参与，关注员工的满意度。

这两个维度形成的二维矩阵包含了四种可能的领导行为组合：高定

规—高关怀，高定规—低关怀，低定规—低关怀，低定规—高关怀。

很多研究认为，高定规—高关怀模式最有效率，因为这种模式既关心生产又关心员工，可以带来高绩效和高满意度。但是，也有越来越多的研究对这一结论产生怀疑。

3. 密歇根州立大学的研究

该研究同样将领导行为归纳为两个维度：以生产为中心和以员工为中心。

以生产为中心的领导只关心工作的技术、日程的安排和任务的完成，员工是达到目标的手段。以员工为中心的领导关注下属面临问题的人性化方面，同时着力建设具有高绩效目标的有效工作群体，这种领导需要做的并不仅仅是"对其下属很好"，他们还需要建立高绩效目标并为下属创造支持性的工作环境。

结论：以员工为中心的领导行为带来高产出，相反，以生产为中心的领导行为无论在生产率还是在员工满意度方面都是低效的。

4. 管理方格理论

该理论认为以生产为中心和以人为中心的领导方式是可以同时存在的，它们不同程度地结合产生多种领导方式。

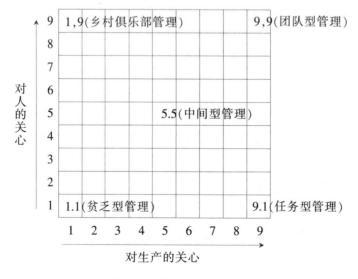

图 5-1　管理方格图

以横轴代表对生产的关心，包括结果、绩效、利润、任务的完成等，纵轴代表对人的关心，包括上级、下级、同事、客户等。这两个维度都可以看作一种程度大小的尺度，分别被分为从 1 到 9 的 9 格，1 表示关心程度很低，9 表示很高程度的关心，两者相结合，形成全图的 81 个小方格。在这些方格中最具代表性的领导方式有五种：

（1，9）方格：乡村俱乐部管理

这类领导方式对生产较少关心，对人们高度关心，努力创造一种愉快、友好、让人满意的工作氛围。

（9，1）方格：任务型管理

这类领导方式高度关心生产，很少关心人，为达到生产目的，常常会强制人们去完成必要的任务。

（1，1）方格：贫乏型管理

这类领导方式对生产和人都极少关心，也并不觉得这两方面的需求之间有什么矛盾，管理者希望大家都不要互相妨碍，他们自己虽然在场却几乎不发挥领导作用。

（9，9）方格：团队型管理

这类领导方式把对生产的高度关心和对人的高度关心结合起来，建立成员之间健全和成熟的关系，鼓励组织成员参与决策并努力工作，以实现组织的目标。

（5，5）方格：中间型管理

这类领导方式对生产和对人的关心都是适度的，其基本假设认为，极端会引起矛盾，因此需要折中，用放弃某种东西的一半来换取另一种东西的一半，以寻求一种平衡。

结论：布莱克和莫顿认为（9，9）方格的领导方式是最有效的，既能够提高员工的满意度，又能够带来高的生产效率。

【经典考研例题】

①管理方格理论中，关于领导风格的 5 种经典类型是什么。（哈尔滨工程大学 2019 年简答题）

②简述管理方格理论。（中国地质大学 2018 年简答题）

③简述领导方式的连续统一体理论。（华东师范大学 2021 年简答题）

④领导方式的连续统一体理论的主要观点（东北大学 2022 年、广东外语外贸大学 2022 年、中国海洋大学 2018 简答题）

考点 6　领导者团队理论

现代高层管理团队研究兴起的标志是唐纳德·汉布里克和菲莉丝·梅森在 20 世纪 80 年代提出的"高阶理论"。该理论认为：

第一，高层管理人员在进行决策和采取行动时会受到自身所具有的经验、性格和价值观等个性化因素的影响。

第二，要更好地预测组织的绩效，则应该了解整个高层管理团队的特征，而非仅仅了解首席执行官的个体特征。

第三，运用人口统计学变量是大样本研究在实际操作中可行且有效的方法，但它并不能精确代表管理人员的认知和价值观，这方面还需要进一步处理。

考点 7　情境领导模型

1. 保罗·赫塞和肯尼斯·布兰查德开发了情境领导模型，认为有效领导和无效领导的差异并不是领导者的行为本身，而是领导者行为和实施情境的匹配。

2. 领导者的行为首先被分为两个维度：任务行为和关系行为。

任务行为是指在多大程度上领导者倾向于确定组织成员该做什么以及怎么做。高任务行为的特点是组织模式、沟通渠道和完成任务的具体方式被清晰定义。关系行为是指在多大程度上领导者倾向于通过开放的沟通，给予下属充分利用潜能的机会。高关系行为的特点是社会情绪的支持、友谊和相互信任。

3. 领导风格由两个维度扩展为四个象限：

告知（S1，高任务/低关系行为）：领导者下达命令，明确何时、何地、如何去做，并监督执行。

推销（S2，高任务/高关系行为）：领导者向下属解释自己的决策，并提供支持行为。

参与（S3，低任务/高关系行为）：领导者让下属参与决策，自己提供便利条件给予支持。

授权（S4，低任务/低关系行为）：下属自己独立解决问题。

4. 情境领导模型中的"情境"关注的是下属成熟度。成熟度被定义为承担责任的愿望和能力，它与下属的心理年龄而非时间年龄相关。因此成熟度也被分为两个方面：心理成熟度和工作成熟度。这两个方面将下属成熟度划分为四种情况，由低到高分别为：

R1：成熟度低。这些下属既不愿意，也没有能力承担分配的工作任务。

R2：成熟度较低。这些下属愿意从事分配的工作任务，但不具备完成工作的能力。

R3：成熟度较高。这些下属具有从事分配的工作任务的能力，但却不愿意去做。

R4：成熟度高。这些下属既愿意也有能力去完成分配的工作任务。

5. 情境领导模型强调有效的领导应该根据下属的成熟度去匹配相应的领导者行为，而不存在一般意义上最好或最差的领导。

6. 评价：领导者需要不断评估下属的工作能力和工作意愿，并调整自己的任务行为和关系行为与之相适应，以取得真正有效的领导。尽管这一领导模型的预测能力还没有得到更多研究证据的支持，但由于其实用性较强，仍然受到很多管理者的欢迎。

【经典考研例题】

简述赫塞和布兰查德的情境领导理论。（中国传媒大学 2017 年简答题）

考点 8　领导—成员交换理论

1. 领导—成员交换理论也认为领导者并不是以同样的领导行为对待所有下属，而是对于不同特点的下属会采取不同的领导方式。下属的差异性在情境领导模型中指的是下属成熟度，而在领导—成员交换理论中指的则是领导和下属的关系。

2. 根据关系的不同，领导者将下属分为圈内人和圈外人。圈内人与领导者关系密切，得到更多的关注、信任、资源和支持，作为交换，圈内人回报以忠诚和超越角色的努力工作。因此，高的领导—成员交换关系通常带来双向的影响：更开放和诚信的沟通，高的工作满意度和绩效。领导—成员交换理论强调发展成熟的领导者和下属的关系，这样高质量的关系能够带来很多好处，产生有效的领导过程。

3. 领导—成员交换关系被分为了四个维度：贡献，如超出职位描述的工作表现；情感，如友谊和喜欢；忠诚，如忠实和共同承担责任；职业尊重，如对对方职业能力的尊重。对这些维度的研究有助于我们更好地理解领导者和下属在建立关系的过程中所付出的努力。

4. 这种特殊关系的建立过程一般包含三个阶段：第一阶段是角色发现。第二阶段是角色开发。进入第三个阶段，则是角色实现。

考点9　领导者角色理论

明茨伯格将经理的工作划分为三种类型，共10种角色。

第一类是人际关系方面的角色，涉及人际交往和各种具有象征性和礼仪性的角色，包括挂名首脑、领导者和联络者。

第二类是信息传递方面的角色，涉及接收和传递信息的角色，包括监听者、传播者和发言人。

第三类是决策制定方面的角色，涉及做出各种重大决策的角色，包括企业家、故障排除者、资源分配者和谈判者。

【经典考研例题】

①简述管理者的角色。（华东师范大学2021年简答题）

②论述明茨伯格的管理者角色理论的内容以及对现代管理的启发。（中南大学2018年论述题）

③综述组织中的管理者应扮演的角色与具备的基本技能。（中国海洋大学2018年论述题）

考点 10 费德勒的权变领导理论

弗雷德·费德勒提出的关于领导效率的权变理论是第一个综合的领导权变模型。

1. 费德勒的权变模型指出组织的效率取决于两个变量的相互作用：一个是领导者的风格，另一个是情境的有利性。

2. 领导者的风格分为两类：任务取向型和关系取向型。

3. 情境的有利性指的是某一种情境能赋予领导者多大的权力和影响力。费德勒从三个维度对情境是否有利进行分析：一是领导者—成员关系，二是任务结构，三是职位权力。

（1）领导者—成员关系是指下属对领导者尊敬和信任的程度。如果领导者和成员之间的关系好，则他们拥有更多的权力和影响力。

（2）任务结构是指需要完成的具体任务或工作的特点。高度结构化的、明确的、程序化的任务或工作，比模糊的、非结构化的任务或工作，给予领导者更多的影响力。

（3）职位权力是指与领导职位相联系的权力。

三个维度分别有高低之分，将它们组合在一起形成了 8 组不同的组织情境。

4. 任务取向型领导者在非常有利或相对不利的情境下表现更好。关系取向型领导者则在中等有利的情境下绩效较好。

5. 费德勒认为个体的领导风格与个性有关，很难改变，因此要更好地匹配领导者的风格和情境的有利性，以提高组织绩效，只有两种方法：一种是根据情境选择合适的领导者；另一种是改变情境，如清晰定义工作任务、提高职位权力，以适应领导者的风格。

【经典考研例题】

①简述费德勒的权变模型。（哈尔滨工程大学 2020 年、湖南师范大学 2020 年简答题）

②请解释费德勒的权变模型。（对外经济贸易大学 2016 年简答题）

③简述费德勒权变理论的主要内容。（西北农林科技大学 2020 年

简答题)

④权变观是一种重要的管理思想，请结合实例论述费德勒权变领导理论的基本思想及其应用。(上海对外经贸大学 2023 年论述题)

考点 11 豪斯的路径—目标领导理论（也称路径目标理论）

1. 路径—目标领导理论以激励的期望理论为基础，指出领导者的工作是提供必要的帮助与指导，激励下属达到他们的目标。领导者的激励功能包括：为工作目标的实现增加下属的报酬；为下属更容易地完成工作指明路径；减少障碍和陷阱；增加下属在工作中的满意度。

2. 路径—目标领导理论有两个重要的命题：其一，领导者的行为是否被下属接受和令下属满意，取决于在多大程度上下属将其视为即时满足来源或是将来带来满足的工具；其二，领导者的行为是否有激励作用，取决于在多大程度上这种行为使得下属需求的满足依赖于有效的工作绩效，以及这种行为为下属取得有效的工作绩效提供必要的辅导、指导、支持和奖励。

3. 豪斯将领导者行为分为四种类型：指示型、支持型、参与型和成就导向型。

（1）指示型。让下属知道他们被期望做什么，安排和协调工作，提供具体的指导，明确政策、规则和程序。

（2）支持型。显示对下属的关心，创造一个友好的和心理上支持的工作环境。

（3）参与型。遇到问题时咨询下属的意见，决策时将下属的意见和建议考虑在内。

（4）成就导向型。设定具有挑战性的目标，寻求改进，强调卓越的绩效，并对下属能够达到高标准的绩效显示信心。

4. 领导者可以根据情境的不同改变自己的领导风格，领导者在选择领导行为时主要考虑两类情境因素：下属的特征和环境的因素。

【经典考研例题】

①路径—目标理论。(南京师范大学 2017 年名词解释题)

②简述路径—目标模型。（华东理工大学 2023 年、湘潭大学 2021 简答题）

③路径—目标理论关于领导行为的类型及含义。（西南财经大学 2021 年简答题）

考点 12　文化背景与领导

文化层次论中的文化洋葱比喻指出，文化可以由外及里分为表层、中层和核心层。表层文化是看得见的文化特征，如礼仪、语言、生活习惯等，给人以最直接而强烈的文化冲击。中层文化指的是一个社会的价值观和社会规范，代表了这个文化中对好与坏的判断，以及多数人在某种情形下的行为选择。核心层文化涉及一个社会最基本的假设，经过长期历史发展和文化理念体系的震荡与积累，从而形成这一社会当前的核心层假设。核心层文化驱动中间层文化，进而影响表层文化。

霍夫斯泰德将文化分为权力距离倾向、个人主义—集体主义倾向、不确定性回避倾向、阳刚—娇柔倾向和长期—短期倾向五个维度。下面我们以其中三个文化维度为例，探讨在不同文化背景下哪一种领导行为更为有效。

权力距离倾向用于衡量组织中低级或普通成员接受不平等的权力和奖赏的程度。在权力距离较小的文化中，领导者应当充分授权，让下属共同参与决策过程；在权力距离较大的文化中，下属比较容易接受领导者的指导和命令，领导者也希望得到下属的忠诚与服从，告知和推销型的领导行为也许更为有效。

不确定性回避倾向用于衡量一个社会中的人们对不确定情况感到威胁的程度，他们试图获得更稳定的职业、建立更加正规的规则，抵制异常的观点和行为，以及接受绝对真理和上级目标来避免这种不确定的程度。

阳刚倾向指社会的主要价值观念强调自信和获得金钱、物质与社会地位的程度；娇柔倾向指社会的主要价值观念重视人们之间的联系、关心他人和整个生活质量的程度。在较高的阳刚倾向的文化中，领导应当在下属完成任务后给予必要的物质奖励，如金钱、职位提升等，这些行为有助于提高工作绩效。

【补充知识点】交易型领导和变革型领导

（1）交易型领导

交易型领导者，即主要通过使用社会交换（或交易）进行领导的领导者。交易型领导者通过对工作成果进行奖励，指导并激励下属向既定目标的方向前进。

（2）变革型领导

变革型领导者激励和鼓舞下属取得辉煌的成就，他们关注每一个下属的兴趣所在与发展需要，帮助下属用新视角看待老问题从而改变下属对问题的看法，激励、调动和鼓舞下属为实现群体目标付出更大的努力。

变革性领导制造兴奋点的三个途径：①依靠他们的领袖魅力；②对追随者给予个性化的关注；③通过智力激发。

（3）两者的关系

变革型领导是基于交易型领导形成的。变革型领导相比交易型领导可以导致下属更高的努力水平和绩效水平。变革型领导也更具领袖魅力。

研究发现，变革型领导者得到的评价高于交易型领导者，他们效率更高，绩效更优，更容易得到晋升，人际交往的意识也更强。变革型领导与低离职率、高生产率、员工满意度、创造力、目标的达成和下属福利的关系更密切。

第十章 激 励

复习指导

本章内容包括激励基础、激励理论和激励方法三部分，考试中主要有名词解释、简答、论述和案例分析等题型，属于重点章节，尤其是本章涉及的激励理论，需要重点理解掌握。

知识框架

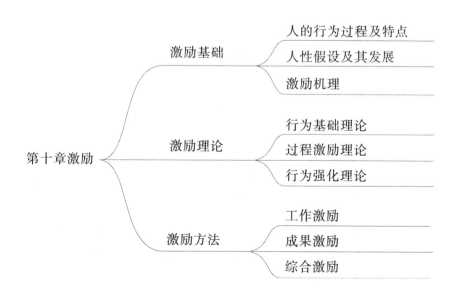

考点精讲

考点1　人的行为过程及特点

1. 行为的界定

行为是人类在环境影响下一切外在反应的统称。行为的构成要素包括：行为主体、行为客体、行为环境、行为手段和行为结果。

行为可笼统划分为动机性行为与非动机性行为两种。动机性行为的三大特征：

（1）该行为是在人的理性意识支配下的活动，具有一定的目的性、方向性及预见性；

（2）该行为与一定的客体相联系，作用于一定的对象，其结果与行为的动机、目的有一定的内在联系；

（3）该行为会受到环境的影响，是人的内在因素和外在因素相互作用的函数。

2. 动机性行为的过程

动机性行为的一般过程包括刺激、需要、动机、行为和目标等环节。

人的行为过程是一个"刺激—需要—动机—行为—目标—满足（受挫）"循环往复的过程。

3. 动机性行为的特点

（1）自发性。动机性行为是由行为人的自我意识支配而自觉启动和进行的，外力并不能直接支配人的行为。

（2）目的性。动机性行为不是盲目发生的，而总是指向一定的目标，为了一定的目的而进行的。

（3）持续性。动机性行为是在行为人的动机支配下实现目标的过程，如果动机和目标没有改变，行为人的行为从本质上就不会改变，在目标实现以前亦不会终止。

（4）可塑性。当环境发生变化时，行为人可以主动调节需要、动机甚至目标来改变行为的方向和方式。

（5）因果性。不同的行为动机会催生不同的行为结果，因此行为的结果产出与行为的初始动机之间存在必然的因果联系。

考点2 **人性假设及其发展**

1. 经济人假设（X 理论）

（1）多数人十分懒惰，他们总是想方设法逃避工作；

（2）多数人没有雄心大志，不愿担负任何责任，而心甘情愿地接受别人指导；

（3）多数人的个人目标都是与组织目标相矛盾的，必须用强制、惩罚的方法，以迫使他们为达到组织的目标而工作；

（4）多数人工作是为了满足基本的需要，只有金钱和地位才能激励他们工作；

（5）人大致可以划分为两类，多数人都是符合上述前四种假设的，只有少数人是能够自己鼓励自己，能够克制感情冲动的，这些人应当承担管理的责任。

2. 社会人假设

（1）从根本上说，劳动者是由社会需求而引起工作的动机，并且通过与同事的关系而获得认同感；

（2）工业革命与工业合理化使得工作本身失去了意义，因此劳动者只能从工作上的社会关系寻求工作的意义；

（3）劳动者对同事们的社会影响力，比对管理者所给予的经济诱因控制更为重视；

（4）劳动者的工作效率随着上司能满足他们社会需求的程度而改变。

3. 自我实现人假设（Y 理论）

（1）大多数人都是勤奋的，只要环境允许，人是乐于工作的；

（2）控制和惩罚不是实现组织目标的唯一方法，人在执行任务的过程中能够自我指导和自我控制；

（3）在正常情况下，大多数人不仅会接受任务，而且会主动寻求责任，逃避责任、缺乏抱负以及强调安全感通常是经验的结果，而不是人的本性；

（4）大多数人都具有相当程度的想象力、智谋和创造力，在不为外界因素所指使和控制的情况下，可以得到正常发挥；

（5）人体之中蕴藏着极大的潜力，但在现代工业条件下，一般人只能发挥少部分潜力；

（6）员工个人自我实现倾向与组织所要求的行为之间并无冲突，如果给予机会，员工会自动地把自己的目标与组织的目标相结合，通过实现组织目标而获得个人自我实现需求的满足。

4. 复杂人假设（超 Y 理论）

复杂人假设是在对经济人假设、社会人假设和自我实现人假设进行分析和总结之后发现，这三种人性假设都是部分正确的，它们只能够在某些特定情境下解释人的行为，而不具有解释的普适性。

人既不是单纯的经济人，也不是完全的社会人，更不是纯粹的自我实现人，而是复杂人。

依据复杂人假设，人性的复杂性体现在两个方面：首先，就个体的人而言，其需要和潜力会随着年龄的增长、知识的增加、地位的改变、环境的改变以及人与人之间关系的改变而发生变化；其次，就群体的人而言，人与人之间的需要是千差万别的。

从复杂人假设出发，美国管理心理学家莫尔斯和洛什提出了超 Y 理论。该理论的基本观点包括：

（1）主体需要的差异性。不同的人是怀着不同的需要而参加工作的，有的人需要正规化的机构和条例，不需要决策和承担责任；有的人则需要自治，需要创造性机会，需要实现胜任感。

（2）组织方式的相异性。管理应当使工作性质和人的需求相结合，和人的素质相协调，采取适当的组织形式和领导方式，以提高员工的工作效率。

（3）控制程度的应变性。组织机构和管理层次的划分、员工的培训和工作的分配、工资报酬和控制程度的安排，都要从工作性质、工作目标、员工素质角度加以考虑，不能强求统一。

（4）目标确立的递进性。当一个目标达到后，就可以激发人的胜任感，使之为达到新的更高目标而努力。

【经典考研例题】

①Y 理论。（广西大学 2022 年名词解释题）

②经济人假设及对应的管理方式。（哈尔滨工程大学 2010 年简答题）

③怎样理解 X 理论。（哈尔滨工业大学 2015 年、2018 年简答题）

④X 理论与 Y 理论的主要内容是什么？（华中师范大学、北京邮电大学 2020 年简答题）

⑤X、Y 和超 Y 理论。（青岛大学 2017 年简答题）

考点3　激励机理

管理学研究中的激励是指为了特定目的而去影响人们的内在需要或动机，从而强化、引导或改变人们行为的持续过程。在管理实践中，激励工作包括：从既定的组织目标出发，通过影响员工的内在需要或动机来调动员工的工作积极性，实现组织与个人在目标、行为上的内在一致性。

激励机理旨在揭示激发个体行为积极性的一般原理，其建立在对人的行为规律和人性假设的正确认知的基础之上。换言之，科学的激励机理必须符合人的行为规律和人性假设；反之，任何违背人的行为规律和人性假设的激励措施将无法达到调动个体积极性的目的。

考点4　行为基础理论

1. 需要层次理论（伯拉罕·马斯洛提出）

观点：

（1）人类需要从低到高可分为五种，分别是生理需要、安全需要、社交需要、尊重需要和自我实现需要。

（2）以上五种需要可以分为高、低两个层次，其中生理需要、安全需要和社交需要都属于低层次的需要，这些需要通过外部条件就可以满足；尊重需要和自我实现需要是高层次的需要，这些需要是通过内部因素才能满足的。

（3）人的需要有一个从低层次向高层次发展的过程，当较低层次的需要基本得到满足后，更高一层次的需要就会出现。

（4）任何一种需要并不由于高一层次需要的出现而消失，各层次需要之间是相互依赖并以重叠波浪形式演进的。高层次的需要出现后，低层次的需要仍然存在，只是对行为影响的程度大大降低。

（5）未满足的需要才具有激励作用，已基本得到满足的非优势需要对人不再具有激励作用。

评价：

该理论积极的一面在于：马斯洛从人的需要出发探索人的激励诱因，抓住了激励问题的关键；马斯洛指出人的需要有一个从低级向高级发展的过程，基本上符合人类需要发展的一般规律。

但该理论也有其局限性，具体体现在：首先，马斯洛调查的对象主要是中产以上阶层人们的需要，将其推广缺乏普遍性；其次，马斯洛提出人的需要都是生来固有的，但实际上人的需要既有天生的，也有后天形成的；最后，马斯洛认为只有低层次需要基本满足后，高层次需要才会显现，这种需要的发展观带有明显的机械论色彩。

【经典考研例题】

①马斯洛需求层次理论的主要内容。（吉林大学 2023 年、新疆大学 2020 年、湖南师范大学 2020 年简答题，湘潭大学 2017 年论述题）

②马斯洛需要层次理论的主要内容及主要观点。（西南财经大学 2021 年论述题）

③简述马斯洛需要层次论的内容并举例。（西南林业大学 2021 年论述题）

2. 双因素理论——保健因素和激励因素（赫茨伯格提出）

观点：

（1）满意和不满意并非共存于单一的连续体中，而是截然分开的。

（2）使人们感到不满意的因素往往都是属于工作环境或外界因素方面的，被称为保健因素。

（3）使人们感到满意的因素往往都是属于工作本身或工作内容方面的，被称为激励因素。

（4）保健因素只能消除不满意，激励因素才是调动人们积极性的关键。

评价：

（1）它促使管理人员注意到工作重新设计（如工作丰富化、工作扩大化）的重要性。

（2）赫茨伯格的调查样本只有 203 人，数量明显不够，而且对象是工程师、会计师等专业人士，缺乏普遍性。

（3）赫茨伯格认为满意和工作绩效的提高有必然的联系，但实际上满意与工作绩效无直接相关性，人在不满意时也会因其他原因达到高绩效。

（4）赫茨伯格将保健因素与激励因素截然分开，实际上保健因素与激励因素不是绝对的，而是相互联系并可以相互转化的。

【经典考研例题】

①赫茨伯格的双因素理论的基本内容和在管理工作中的应用（哈尔滨工程大学 2007 年论述题）

②赫茨伯格双因素理论的基本内容。（湘潭大学 2021 年、北京邮电大学 2020 年简答题）

③简述赫茨伯格双因素理论的激励因素。（浙江大学 2019 年简答题）

3. 成就需要理论（又称三种需要理论，戴维·麦克利兰提出）

观点：

（1）人的高层次需要有三种，分别为成就需要、权力需要和亲和需要。成就需要是争取成功、希望做得最好的需要；权力需要是影响或控制他人且不受他人控制的需要；亲和需要是建立友好亲密的人际关系的需要。

（2）高成就需求者的主要特征有：事业心强、敢于负责、敢于寻求解决问题的途径等。

（3）成就需要不是天生的，而更多的是受环境、教育、实践综合作用的结果。

（4）成就需要是一种更内化的需要，是导致国家、企业取得高绩效的主要动力。

评价：

（1）采用相对系统、客观的研究方法得出的研究成果。

（2）麦克利兰强调通过教育和培训可以造就出具有高成就需要的个体，这一观点推动了管理者积极致力于培训个体的成就需要。

（3）提倡的"工作本身应具有挑战性""组织应该为个体发展提供机遇"等激励措施在组织管理中很有应用价值

（4）对成就需要与工作绩效的关系进行了十分有说服力的推断。但不可回避的是，成就需要理论过于强调个体高层次需要的重要性，而忽视了满足个体低层次需要的意义。

【经典考研例题】

①麦克利兰的激励需要理论的内容及对人力资源管理的启示。（哈尔滨工程大学 2017 年论述题）

②戴维·麦克利兰的三种需求理论。（中山大学 2015 年名词解释题）

③简述麦克利兰的三种需要理论。（广东外语外贸大学 2022 年简答题）

考点 5　过程激励理论

1. 公平理论（约翰·亚当斯提出）

观点：

（1）人们对报酬是否满意是一个社会比较过程，满意的程度不仅取决于绝对报酬，更取决于相对报酬。

（2）人们对相对报酬的比较体现在横向比较和纵向比较两个方面。横向比较是人们将自己的相对报酬与他人的相对报酬进行比较。纵向比较是人们将自己当前的相对报酬与自己过去的相对报酬进行比较。

（3）相对报酬比较的结果会使人们产生公平感或不公平感。不公平感会造成人们心理紧张和不平衡感。

横向比较产生的不公平感有两种情况：第一种情况为 OP/IP<OC/IC。第二种情况为 OP/IP>OC/IC。

纵向比较产生的不公平感也有两种情况：第一种情况为 OP/IP<OH/IH。第二种情况为 OP/IP>OH/IH。

（4）公平感是一种主观心理感受，是人们公平需要得到满足的一种直接心理体验。制约公平感的因素主要有两个方面：客观是否公平和当事人的公平标准。

（5）在实际工作中，人们往往会过高地估计自己的投入和他人的收入，而过低地估计自己的收入和他人的投入，从而出现自己的相对报酬小于他人相对报酬的情况。

评价：

公平理论使管理者认识到社会比较是人们普遍存在的心理现象，利用公平感来调动员工的积极性是一种重要的激励手段；该理论强调了管理者的管理行为必须遵循公正原则，以积极引导员工形成正确的公平感。

但该理论也存在一定程度的局限性：首先，不完全信息往往使社会比较脱离客观实际；其次，主观评价易使社会比较失去客观标准；最后，"投入"和"产出"形式的多样性使得社会比较难以进行。

【经典考研例题】

①公平理论的基本内容及对管理员工的启示。（西安交通大学 2022 年简答题、哈尔滨工程大学 2013 年论述题）

②论述管理者应如何运用亚当斯的公平理论。（西南财经大学 2020 年论述题）

③试述公平理论的主要内容，并进行简要评价。（山东大学 2016 年论述题）

④请写出公平理论中的"贡献率"公式，并简要说明其表达的内容。（中国海洋大学 2019 年论述题）

⑤简述公平理论的主要观点及对实际管理工作的启示。（中国海洋大学 2018 年简答题）

2. 期望理论（维克托·弗鲁姆提出）

观点：

（1）人们在预期他们的行动会给个人带来既定的成果且该成果对个人具有吸引力时，才会被激励起来去做某些事情以达到组织设置的目标。因此，人们从事任何工作行为的激励程度将取决于经其努力后取得的成果的价值与他对实现目标的可能性的估计的乘积。用公式可表示为：$M = V \times E$

式中：M 是人们所感受到的激励程度；

V 是人们对某一预期成果或目标的重视程度或偏好程度，反映了人们的需要/动机的强弱；

E 是人们对通过特定的行为活动达到预期成果或目标的可能性的概率判断，反映了人们对实现需要/动机的信心强弱。

（2）依据期望公式，如果将激励力、效价与期望值做简单的高低切分，那么效价与期望值的乘积有如下四种结果。只有当效价高，期望值也高时，激励力才会高。

第一种结果：M（低）＝ V（低）× E（低）

第二种结果：M（低）＝ V（低）× E（高）

第三种结果：M（低）＝ V（高）× E（低）

第四种结果：M（高）＝ V（高）× E（高）

（3）激励的过程要处理好三方面的关系：①努力与绩效的关系。②绩效与奖励的关系。③奖励与满足需要的关系。

评价：

期望理论在理论界被认为是激励理论的重要发展。期望理论通过对各种权变因素的分析，论证了人们会在多种可能性中做出自身效用最大的选择，即人们的现实行为往往是其认为激励力量最大的行为选择。但遗憾的是，该理论的涵盖面太广，内涵比较笼统，且忽略了对个体行为意志的考虑，故其适用范围有一定的局限性。

【经典考研例题】

①简述佛洛姆的期望理论。（哈尔滨工程大学 2015 年、吉林大学 2018 年简答题）

②期望理论假设及观点。（浙江大学 2020 年、哈尔滨工业大学 2013 年简答题）

③简述弗鲁姆"激励—期望理论"的主要内容。（南昌大学 2017 年、西安交通大学 2012 年论述题）

3. 目标设置理论（爱德温·洛克提出）

观点：

（1）目标对人们努力程度的影响取决于四个方面：一是目标明确性，二是目标难易性，三是目标责任清晰度，四是目标接受度。

（2）在实现目标的过程中，工作绩效水平取决于组织支持和员工个人的能力与个性特点。

（3）目标实现后，应让员工获得满意的内在报酬和外在报酬。

评价：

目标设置理论证明了从目标设定的视角来研究激励是有效的。基于目标设置理论的目标管理法在管理实践中也极具应用价值。但该理论还存在一些尚未解决的问题，如目标冲突对工作绩效的影响、目标设定与员工满意感的关系等。

考点 6　行为强化理论

斯金纳提出的理论认为，人们出于某种动机，会采取一定的行为作用于环境；当这种行为的结果对人们有利时，这种行为就会在以后重复出现；反之，当这种行为的结果对人们不利时，这种行为就会减少或消失。因此，行为的结果会对人的动机产生很大影响，从而使行为在后续得以增加、减少或消失。

1. 强化的含义

强化，在本质上讲是对某一行为的肯定或否定的结果，其在一定程度上会决定该行为在今后是否重复发生。

2. 强化的分类

（1）依据强化的目的，强化可分为四种类型：正强化、负强化、惩罚和自然消退。前两种可以增强或保持行为，后两种则会削弱或减少行为。正强化是指通过出现积极的、令人愉快的结果而使某种行为得到加强。负强化是指预先告知某种不符合要求的行为或不良绩效可能引起的后果，引导职工按要求行事，以此来回避令人不愉快的处境。惩罚是指对令人不快或不希望的行为给予处罚，以减少或削弱该行为。自然消退是指通过不提供个人所期望的结果来减少某行为的发生。

（2）依据强化的方式，强化可分为连续强化和间断强化。连续强化是指对每个行为都给予强化。间断强化是指并非对所有行为都进行强化，具体又有几种不同的间断强化类型，如固定比率的强化、可变比率的强化、固定时间间隔的强化、可变时间间隔的强化等。

3. 应用强化的原则

（1）要按照强化对象的不同需要采取不同的强化措施。

（2）对所期望取得的工作业绩应予以明确的规定和表述。

（3）对工作业绩予以及时的反馈，即通过某种形式和途径，及时将工作结果告诉行动者。

强化理论揭示了行为塑造与修正的客观规律，当前被广泛应用于组织对员工工作行为的修正和改造。但该理论过于强调对人的行为的限制和控制，而忽视了人的内在心理过程和状态。并且该理论只讨论外部因素或环境刺激对行为的影响，忽略人的因素和主观能动性对环境的反作用。

【经典考研例题】

①简述斯金纳的强化理论的主要内容。（哈尔滨工程大学 2021 年简答题）

②正强化。（大连理工大学 2021 年名词解释题）

③负强化。（华东师范大学 2019 年名词解析题）

考点 7 工作激励

当前有关工作激励的措施主要包括：工作扩大法、工作丰富法和岗位轮换法。

1. 工作扩大法

工作扩大法是指通过扩大岗位工作的范围、增加工作岗位的职责，消除员工因从事单调乏味工作而产生的枯燥厌倦情绪，从而提高员工的劳动效率。工作扩大法包括横向扩大工作和纵向扩大工作两种。

2. 工作丰富法

工作丰富法是指通过增加岗位的技术和技能的含量，使工作内容更具挑战性和自主性，以满足员工更高层次的心理需求。

工作丰富法的内容具体主要包括以下五个方面：

（1）技术多样化

（2）工作整体性

（3）参与管理与决策

（4）赋予必要的自主权

（5）注重信息的沟通与反馈

3. 岗位轮换法

岗位轮换法是让员工在预定时期内变换工作岗位，使其获得不同岗位的工作经验的激励方法。针对不同的员工，岗位轮换法主要包括以下三种形式：

（1）确定工作岗位的新员工轮换

（2）培养多面手的老员工轮换

（3）培养经营骨干的管理人员轮换

考点 8 成果激励

成果激励是依据员工的工作业绩给予相应回报的激励方法。

常见的成果激励主要包括两类：物质激励和精神激励。

1. 物质激励

物质激励是指从满足员工的物质需要出发，对物质利益关系进行调节，从而激发员工工作积极性的激励方式。按形式划分，物质激励主要包括工资、福利、员工持股计划等。

2. 精神激励

精神激励满足的是员工在精神方面的需求，是一种有别于物质激励的无形激励。按形式划分，精神激励主要包括情感激励、荣誉激励、信任激励等。

考点9　综合激励

除了上述主流的工作激励和成果激励方法，管理实践中还有一些辅助性激励方法，如榜样激励、危机激励、培训激励和环境激励等。

1. 榜样激励

榜样激励是指组织选择内部做法先进、成绩突出的个人或集体加以肯定和表扬，并要求其他个人或集体向其学习，从而激发全体成员积极向上的激励方法。

2. 危机激励

危机激励是指组织通过不断地向员工灌输危机观念，让员工明白生存环境的艰难，以及由此可能对员工自身工作、生活带来的不利影响，进而激发员工自发努力工作的激励方法。

3. 培训激励

培训激励是指组织通过为员工提供定期或不定期的培训和教育，以满足员工渴望学习、渴望成长的需要的激励方法。

4. 环境激励

环境激励是指组织通过改善政治环境、工作环境、生活环境和人际环境，从而使员工在工作过程中心情舒畅、精神饱满的激励方法。

【经典考研例题】

①请结合激励理论，论述如何进行有激励作用的工作设计。（中山大学2017年论述题）

②具体管理实践中的激励方式有哪些？（东华大学 2017 年论述题）

【补充知识点】综合激励模式

本章介绍的六种理论，孤立地看待每个理论是错误的。实际上，各个理论都是相互补充的，只有将各种理论汇通，才会加深对如何激励个体的理解。

当代动机理论的整合模型包含了成就需要理论、强化理论、公平理论，以及有关工作征模型的理论。波特和劳勒的激励模式比较全面地说明了各种激励理论的内容，如下图：

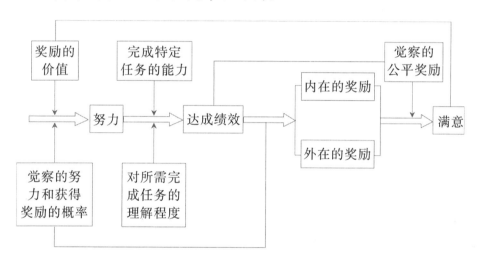

该模式的五个基本点是：

（1）个人是否努力以及努力的程度不仅仅取决于奖励的价值，还受到个人觉察出来的努力和受到奖励的概率的影响；

（2）个人实际能达到的绩效不仅仅取决于其努力的程度，还受到个人能力的大小以及对任务的了解和理解程度的影响；

（3）个人所应得到的奖励应当以其实际达到的工作绩效为价值标准，尽量剔除主观评估因素；

（4）个人对于所受到的奖励是否满意以及满意的程度如何；

（5）个人是否满意以及满意的程度将会反馈到其完成下一个任务的努力过程中。

波特和劳勒的激励模式是对激励系统比较全面和恰当的描述，说明激励和绩效之间并不是简单的因果关系。要使激励能产生预期的效果，就必须考虑奖励内容、奖励制度、组织分工、目标设置、公平考核等一系列的综合性因素，并注意个人满意程度在努力中的反馈。管理者应通过制定周密的计划，利用目标管理的方法，借助合理的组织结构和明确的工作责任制，把"努力—成绩—报酬—满足"这个连锁过程结合到整个管理工作中。

第十一章　沟　通

本章主要包括沟通与沟通类型、沟通障碍及其克服和冲突及其管理三部分内容，考试中以名词解释、简答和论述题为主。

知识框架

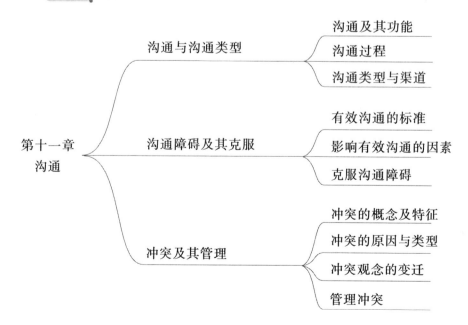

考点精讲

考点1 沟通及其功能

1. 沟通的含义

沟通是信息的传递与理解的过程，是在两人或更多人之间进行的在事实、思想、意见和情感等方面的交流。

有效的沟通不仅包括信息的传递，还包括信息的被理解。这里的理解并不一定要使对方完全接受自己的观点与价值，但一定要使对方完全明白信息发送者的观点与价值。

2. 沟通的功能

（1）有效沟通可以降低管理的模糊性，提高管理的效能。

（2）沟通是组织的凝聚剂和润滑剂，它可以改善组织内的工作关系，充分调动下属的积极性。

（3）沟通是组织与外部环境之间建立联系的桥梁。

考点2 沟通过程

1. 任何沟通必须具备三个基本条件：

（1）沟通必须涉及两个或两个以上的主体；

（2）沟通必须有一定的沟通客体，即信息情报等；

（3）沟通必须有传递信息情报的载体，如文件等。

2. 沟通过程如图所示：

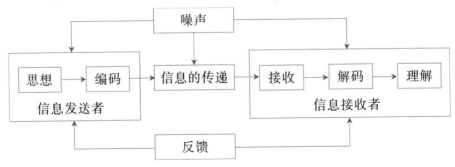

（1）信息发送者。信息发送者也就是沟通的发起者，他出于某种原因产生需要与他人沟通的想法，将需要沟通的内容进行编码以传递给他所要沟通的对象。

（2）编码。编码就是将信息转换成传输的信号或符号的过程，如文字、数字、图画、声音或身体语言等。

（3）信息的传递。通过某种渠道将信息传递给信息接收者，由于选择编码的方式不同，传递的方式也不同，可以是书面的，也可以是口头的，甚至还可以通过形体动作来表示。

（4）信息接收者。信息接收者是信息发送者传递信息的对象，他接收信息发送者传递来的信息，并将其解码，理解后形成自身的想法。

（5）解码。解码就是信息接收者将通道中加载的信息翻译成他能够理解的形式。

（6）反馈。信息接收者将其理解的信息再返回给信息发送者，信息发送者对反馈信息加以核实和做出必要的修正。反馈构成了信息的双向沟通。

（7）噪声。噪声是指沟通过程中对信息传递和理解产生干扰的一切因素。

【经典考研例题】

①简述沟通的过程。（杭州师范大学 2016 年简答题）

②沟通过程主要包括哪些具体环节？（中国海洋大学 2018 年论述题）

考点 3　沟通类型与渠道

1. 言语沟通与非言语沟通

按照沟通的方式，沟通可以划分为言语沟通与非言语沟通。言语沟通是指使用正式语言符号的沟通，一般分为口头沟通和书面沟通两种；非言语沟通是指借助非正式语言符号，即口头表达及文字以外的符号系统进行的沟通，比如身体语言、语调等。

（1）口头沟通

口头沟通是指借助口头语言进行的信息传递与交流，如演讲、讨论、电话联系等。

（2）书面沟通

书面沟通是指借助文字进行的信息传递与交流，如报告、通知、书信等。

（3）非言语沟通

上面的两种沟通都是以言语为沟通基础的，一些极有意义的沟通既非口头也非书面，而是非言语沟通。身体语言和语调是日常沟通中使用最广泛的非言语沟通形式。

2. 正式沟通与非正式沟通

沟通渠道指信息在沟通时流动的通道。根据沟通渠道产生方式的不同，沟通可以分为两种：正式沟通与非正式沟通。

（1）正式沟通

正式沟通是指通过组织明文规定的渠道进行的信息传递与交流。其优点是：其沟通效果较好、约束力较强、易于保密。一般重要的信息会采用这种沟通方式。其缺点是：由于正式沟通依靠组织系统层层传递，沟通速度比较慢，而且显得较为刻板。

①正式沟通渠道。正式沟通渠道是通过组织正式结构或层级系统运行，由组织内部明确的规章制度所规定的渠道进行的信息传递与交流，如组织内部的文件传达、上下级之间的定期信息交换、召开会议等。正式沟通渠道包括下行沟通、上行沟通和平行沟通。

下行沟通是指信息由组织中的较高层级向较低层级流动的过程。

上行沟通与下行沟通相反，是指信息由组织中较低层级向较高层级流动的过程。

平行沟通是指信息在组织同层级之间的流动，这个同层级既包括同层级的人员也包括同层级的部门。

②正式沟通网络。沟通网络是指由若干环节的沟通路径所组成的总体结构，信息往往都是经过多个环节的传递，才最终到达信息接收者的。正式沟通网络的基本形式有五种：链式、轮式、Y式、环式、全通道式。

正式沟通网络的基本形式	定义	图示
链式	链式是信息在沟通成员间进行单向、顺次传递，形如链条状的沟通网络形态。	
轮式	在轮式沟通网络中，群体中的一个中心成员是信息流入的终点和流出的起点，其余的群体成员没有相互沟通的必要，所有成员都是通过与中心成员沟通来完成群体目标的。	
Y 式	Y 式的中心性仅次于轮式，Y 式沟通网络中也有一个成员位于沟通网络的中心，成为网络中因拥有信息而具有权威感和满足感的人。	
环式	在环式沟通网络中，成员们只可以与相邻的成员相互沟通，而与较远的成员缺乏沟通渠道。因此，中心性已经不存在，成员之间地位平等，具有较高的满意度。	
全通道式	全方位开放的沟通网络系统，每个成员都可以同其他所有成员进行交流。中心性程度低，成员之间地位平等，有利于提高成员的士气和培养合作精神。	

（2）非正式沟通

非正式沟通是指正式沟通渠道以外进行的信息传递和交流。在组织中，许多信息是通过非正式沟通渠道获得的。最典型的就是小道消息，它们传播着各种员工所关心的和他们有关的信息。

优点：沟通方便，内容广泛，方式灵活，沟通速度快，可传播一些不便正式沟通的信息。而且由于在这种沟通中比较容易把真实的思想、情绪、动机表露出来，因而能提供一些正式沟通中难以获得的信息，管理者要善于利用这种沟通方式。

缺点：这种沟通比较难控制，传递的信息往往不确定性高，容易传播流言蜚语而混淆视听。所以管理者应当对这种沟通方式予以重视，注意防止和克服其消极的一面。

非正式沟通网络主要有四种类型：

①集束式是最普通的形式，信息拥有者将信息传递给经过选择的有限人员，其中的部分人员又将信息有选择地传递给其他人。

②随机式是按照偶然的方式传递信息，信息拥有者在传递信息时并无选择性。

③流言式是信息拥有者一个人把信息告知所有其他成员。

④单线式是信息按照一人传一人的方式依次传递，这种情况最为少见。

【经典考研例题】

①正式沟通。（湘潭大学 2020 年名词解释题）

②非正式沟通。（湘潭大学 2021 年名词解释题）

③上行沟通。（中南财经大学 2020 年名词解释题）

④轮式沟通。（东北大学 2020 年名词解释题）

考点 4　有效沟通的标准

1. 保证沟通的"量"。有效沟通要保证传达足够的信息量。如果信息内容缺失，即使其他方面做得再好，接收方也无法全面、完整、准确地理解。

2. 保证沟通的"质"。沟通不仅仅是信息的传递，更重要的是信息需要被准确地表述和理解，这就是指沟通的"质"。

3. 保证沟通的"时"。沟通的有效性很大程度上依赖于信息的及时性。一条过时的信息，即使是完整而准确的，其价值可能也会大打折扣。

考点 5 影响有效沟通的因素

影响沟通过程的障碍有三种，包括人际障碍、组织障碍和文化障碍。

1. 人际障碍

人际障碍可能来源于信息发送者，也可能来源于信息接收者，通常是由个体认知、能力、性格等方面的差异所造成的。人际障碍主要表现为以下几种：

（1）表达能力

（2）知识和经验差异

（3）个性和关系

（4）情绪

（5）选择性知觉

（6）信息过滤

（7）信息过载

2. 组织障碍

组织障碍也会降低沟通有效性。组织障碍的根源存在于组织的等级结构之中。无论组织的复杂程度如何，它们都有专门的职责和多层职权，这种专业化分工为沟通困难的产生提供了合适的土壤。

组织障碍主要表现为以下两种：

（1）组织结构不合理。组织层级过多，如组织结构臃肿、各部门之间分工不明、机构重叠或条块分割等。

（2）组织氛围不和谐。信息发自一个成员相互高度信赖和开诚布公的组织，它被接收的可能性要比来自那些气氛不正、成员相互猜忌和提防的组织大得多。另外，命令和请示是否拘泥形式的氛围也会影响沟通有效性。如果组织任何工作都必须由正式命令来完成，那么不是正式传达的信息则较难被接收。

3. 文化障碍

信息发送者和信息接收者之间的文化相似性有助于成功的沟通，文化的差异会铸造人际沟通的障碍。

考点6 克服沟通障碍

1. 学会倾听

沟通的最大困难不是在于如何把自己的意见、观点说出来，而是在于如何听出别人的心声。相对于语言表达能力而言，倾听的能力更为关键。

2. 重视反馈

反馈，是指信息接收者给信息发送者一个信息，告知信息已收到，以及理解信息的程度。反馈是沟通过程中的最后一个环节，往往是决定沟通目标可否实现的关键。反馈既可以是言语的，也可以是非言语的。

3. 克服认知差异

认知差异可能成为沟通障碍，因此为了克服认知和语言上的差异，信息发送者应该使信息清晰明了，尽可能使具有不同观点和经验的信息接收者都能够理解。

4. 抑制情绪化反应

处理情绪因素最简单的方法就是暂停沟通，直到完全恢复平静。管理者应该尽力预期员工的情绪化反应，并做好准备加以处理。管理者也需要关注自己情绪的变化，以及这种变化如何影响他人。

【经典考研例题】

①试述有效沟通的障碍。（湘潭大学2020年、中国传媒大学2019年简答题）

②简述正式的组织沟通中的常见障碍有哪些，如何消除这些障碍。（南京航空航天大学2017年论述题）

③简述影响有效沟通的因素。（哈尔滨工业大学2014年简答题）

④学习和生活中有什么沟通的障碍，结合所学知识，谈谈如何解

决这些障碍。(西北农林科技大学 2020 年论述题)

⑤论述沟通的类别及有效沟通的障碍,并结合实例谈谈如何克服沟通中的障碍。(中国海洋大学 2020 年论述题)

考点 7　冲突的概念及特征

1. 冲突的概念

冲突是相互作用的主体之间存在的不相容的行为或目标。

(1) 冲突是否存在不仅是一个客观性问题,也是一个主观的知觉问题。客观存在的冲突必须经过人们去感知,如果没有人意识到冲突,那么一般就认为没有冲突存在。

(2) 冲突产生的必要条件是,存在某种形式的对立或不相容以及相互作用。

(3) 冲突的主体可以是组织、群体或个人,冲突的客体可以是利益、权力、资源、目标、方法、意见、价值观、感情、关系等。

(4) 冲突是一个过程。冲突的发生不是一蹴而就的,而是从产生、酝酿到爆发的整个过程。

2. 冲突的特征

(1) 客观性。冲突是客观存在的、不可避免的社会现象,是组织的本质特征之一。

(2) 主观知觉性。冲突是指导致某种抵触或对立的可感知的差异。

(3) 二重性。冲突对于组织、群体或个人既具有建设性、有益性,有产生积极影响的可能,又具有破坏性、有害性,有产生消极影响的可能性。

(4) 程度性。冲突水平与组织效率之间的关系主要表现为当冲突水平过高时,组织会陷入混乱、对抗,甚至分裂、瓦解状态,破坏绩效,危及组织正常运转乃至生存;当冲突水平过低时,组织缺乏生机和活力,会进入变革困难时期,组织发展停滞不前,难以适应环境,绩效低下;当冲突达到最佳程度时,它可以阻止迟滞,解除紧张,激发创造力,培养创新的萌芽,使组织保持旺盛的生命力。

考点 8 冲突的原因与类型

1. 冲突的原因

冲突的原因大致可以分为三大类：个人差异、沟通差异和结构差异。

2. 冲突的类型

（1）根据冲突发生的层次来划分

①个体内部冲突。当冲突发生在一个个体内部时，称为个体内部冲突。

②人际冲突。人际冲突是指发生在两个或者多个人之间的冲突。

③群体间冲突。当冲突发生在群体、团队或者部门之间时，就称为群体间冲突。

④组织间冲突。发生在两个或者多个组织之间的冲突称为组织间冲突，企业竞争就是一种组织间冲突。

（2）根据冲突对组织的影响来划分

①建设性冲突。又称功能正常的冲突，是指对组织有积极影响的冲突。

②破坏性冲突。又称功能失调的冲突，是指对组织有消极影响的冲突。

建设性冲突和破坏性冲突的区别如下表所示。

建设性冲突和破坏性冲突的区别

建设性冲突	破坏性冲突
关心目标	关心胜负
对事不对人	针对人（人身攻击）
促进沟通	阻碍沟通

（3）根据冲突产生的原因来划分

①目标冲突。这是指由冲突主体内部或冲突主体之间存在不一致或不相容的结果追求所引发的冲突。

②认知冲突。这是指由于冲突主体内部或冲突主体之间存在不一致的看法、想法和思想所引发的冲突。

③情感冲突。这是指由冲突主体内部或冲突主体之间情感上的不一致所引发的冲突。

④程序冲突。这是指由冲突主体内部或冲突主体之间存在不一致或不相容的优先事件选择与过程顺序安排所产生的冲突。

考点 9　冲突观念的变迁

人们对组织冲突的理解大概经历了三个阶段，按照出现的先后顺序大致为传统观念、人际关系观念和相互作用观念三个阶段。

考点 10　管理冲突

1. 冲突的抑制

当冲突水平过高时，管理者可以采取抑制冲突的方法。以下是五种抑制冲突的方法：

（1）竞争策略。竞争策略又称强制策略，即为了满足自己的利益而无视他人的利益，是一种"我赢你输"的策略。

（2）合作策略。它是指尽可能满足双方利益，代表了冲突解决中的双赢局面。

（3）回避策略。它是指既不合作又不坚持己见，既不满足自己利益又不满足对方利益的冲突解决策略。

（4）迁就策略。迁就策略又称克制策略，即当事人为了满足他人的需求，而抑制了自己的需求。

（5）妥协策略。妥协策略实质上是一种交易，又称为谈判策略。它需要冲突双方各让一步，通过一系列的谈判、让步、讨价还价来部分满足双方的要求和利益。

2. 冲突的激发

冲突管理的另一个方面是，当组织冲突不足时，管理者需要考虑激发必要的、适度的建设性冲突。

三种激发冲突的手段：

（1）激发建设性冲突首要的一步是将冲突合法化。管理者应当将鼓励冲突的信息传递给员工，并且采取支持性行动，以使冲突在组织中有其合法地位。

（2）适度引入外部的新鲜血液，刺激组织内部的竞争氛围。

（3）管理者也可以通过组织结构的安排来激发冲突。企业应该进行组织变革，变金字塔式的传统控制组织为扁平化的网状组织。企业进行变革的总体趋势是扩大管理幅度、减少管理层次、广泛引入工作团队，实现组织结构的扁平化、网络化、虚拟化。

【经典考研例题】

①简述常用冲突管理的战略。（安徽师范大学 2018 年简答题）

②简述冲突抑制的策略。（辽宁大学 2023 年简答题）

第十二章 控制的类型与过程

复习指导

本章内容包括控制的内涵与原则、控制的类型和控制的过程三部分，考试中以名词解释、简答和论述题为主。

知识框架

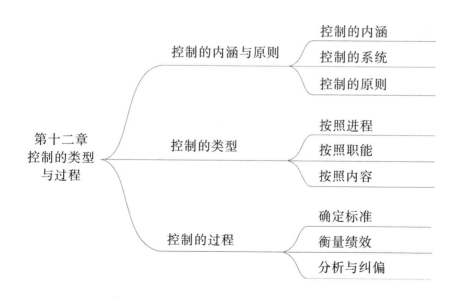

考点精讲

考点 1 控制的内涵

控制是指对组织内部的管理活动及其效果进行衡量和矫正，以确保组织的目标以及为此而拟定的计划得以实现。

1. 控制具有目的性。控制是为了保证组织中的各项活动按计划和标准进行，以有效达成组织的特定目标。

2. 控制具有整体性。控制的整体性表现在三个方面：其一，管理控制工作要以系统理论为指导，将整个组织的活动作为一个整体来看待，使各方面的控制工作能协调进行，以取得整体的优化效益。其二，管理控制工作应覆盖组织活动的各个方面，组织中的各层次、各部门、各单位，以及生产经营的各个阶段，都要实施管理控制。其三，管理控制工作应成为组织全体成员的职责，而非仅仅是管理人员的职责。

3. 控制是通过监督和纠偏来实现的。通过组织中的控制系统，可以对组织活动及其效果进行监控，以预警或发现组织偏差的出现，分析偏差产生的原因，并采取相应的行动进行纠偏，从而保证组织目标的实现。

4. 控制是一个过程。控制检查、监督并确定组织活动的进展情况，对实际工作与计划之间所出现的偏差加以纠正，从而确保组织目标及计划得以顺利实现。

【经典考研例题】

①控制。（西北农林科技大学 2020 年、杭州师范大学 2020 年、云南大学 2017 年名词解释题）

②为什么说在一个组织的管理过程中，控制是不可分割的一部分？（中国海洋大学 2018 年论述题）

③简述控制职能的含义。（中央财经大学 2023 年简答题）

考点2 控制的系统

控制的系统由控制主体、控制客体、控制目标以及控制的手段与工具体系四大部分构成。

1. 控制主体

一般来讲，企业由四种经济主体组成，即股东、经营者、管理者和普通员工。

2. 控制客体

控制客体就是评价的对象范围。具体控制对象就是控制的最终指向物，包括财产、交易和信息三大类。

3. 控制目标

（1）确保组织目标的有效实现

（2）经济且有效地利用组织资源

（3）确保信息的质量

4. 控制的手段与工具体系

主要包括控制的机构、控制的工具、控制的运作制度三个方面。

【经典考研例题】

控制系统的构成要素（哈尔滨工程大学2019年简答题）

考点3 控制的原则

1. 有效标准原则

有效的控制标准应该满足简明性、适用性、一致性、可行性、可操作性、相对稳定性和前瞻性的要求。

2. 控制关键点原则

控制住了关键点，也就控制住了全局。在现实中，选择关键点除了要有丰富的经验、敏锐的洞察力和决策能力，还可以借助有关的方法。

3. 控制趋势原则

对控制全局的管理者来说，重要的通常不是现状本身，而是现状所预示的趋势。但由于趋势往往为现象所掩盖，不易察觉，控制变化的趋势比仅仅改变现状要困难得多。

4. 直接控制原则

直接控制着眼于培养更好的主管人员，使他们能熟练地应用管理的概念、技术和原理，能以系统的观点来进行和改善他们的管理工作。

5. 例外原则

管理者不可能控制所有活动，而应把控制的主要精力集中于一些重要的例外偏差上，以取得更高的控制效能和效率。

【经典考研例题】

有效控制的要求。（哈尔滨工程大学 2018 年、吉林大学 2019 年简答题）

考点 4　控制进程分类

1. 前馈控制

前馈控制又称事前控制或预先控制，是指组织在工作活动正式开始前对工作中可能产生的偏差进行预测和估计并采取防范措施，将可能的偏差消除于产生之前。

优点：（1）工作开始之前进行的，可以防患于未然，以避免事后控制对已铸成的差错无能为力的弊端。

（2）针对某项计划行动所依赖的条件进行控制，不针对具体人员，因而不易造成面对面的冲突，易于被员工接受并付诸实施。

缺点：需要及时和准确的信息，并要求管理人员能充分了解前馈控制因素与计划工作的影响关系，同时必须注意各种干扰因素。

2. 现场控制

现场控制也称为同步控制或同期控制，是指在某项工作或活动正在进行过程中所实施的控制。现场控制主要有监督和指导两项职能。

优点：（1）工作现场进行，容易发现问题并及时予以处理，从而避免更大差错的出现。

（2）现场控制所具有的指导职能，有助于提高工作人员的工作能力和自我控制能力。

缺点：（1）受到管理者的时间、精力和业务水平的制约，而且管理者的工作作风和领导方式对控制效果有很大影响。

（2）现场控制的应用范围较窄。

（3）现场控制容易在控制者与被控制者之间形成对立情绪，挫伤被控制者的工作积极性。

3. 反馈控制

反馈控制又称为事后控制，是指在工作结束或行为发生之后进行的控制。

优点：反馈控制把注意力主要集中于工作或行为的结果上，通过对已形成的结果进行测量、比较和分析，发现偏差情况，据此采取相应措施，防止在今后的活动中再度发生。

缺点：在矫正措施实施之前，偏差或损失已经产生，只能亡羊补牢。

【经典考研例题】

①简述按控制进程分类的控制及其优缺点。（西北农林科技大学2023年简答题）

②比较前馈控制、现场控制和反馈控制。（东南大学2018年简答题）

③简述前馈、同期和反馈控制各自的优缺点。（北京科技大学2014年简答题）

考点 5 控制职能分类

根据管理控制的职能不同，控制主要分为战略控制、财务控制以及营销控制三种类型。

1. 战略控制

战略控制是指企业战略管理者和一些参与战略实施的管理者，依据战略既定目标和行动方案，对战略的实施状况进行全面评价、发现偏差并进行纠正的活动。

2. 财务控制

传统的财务控制衡量标准有比率分析和预算分析。

除了传统的财务工具，管理者还使用经济附加值和市场附加值等工具。

3. 营销控制

营销控制是企业用于跟踪营销活动过程的每一个环节，确保能够按照计划目标运行而实施的一套完整的工作程序。营销控制主要包括年度计划控制、盈利控制、效率控制和战略控制。

考点6 控制内容分类

1. 制度控制

制度规范是组织管理过程中借以约束全体组织成员行为，确定办事方法，规定工作程序的各种规章、条例、守则、标准等的总称。

2. 风险防范控制

企业的风险防范控制一般应包括风险的预警与辨识、风险的评估以及风险的预防。

3. 预算控制

预算控制突出过程控制，可在预算执行过程中及时发现问题、纠正偏差，保证目标任务的完成。

4. 激励控制

激励控制是指企业通过激励的方式控制管理者及员工的行为，使管理者及员工的行为与企业目标相协调。

5. 绩效考评控制

绩效考评控制是指企业通过考核评价的形式规范企业各级管理者及员工的经济目标和经济行为。

考点7 控制的过程

1. 确定标准

标准就是评定成效的尺度，是用来衡量组织中的各项工作或行为符合组织要求的程度的标尺。要对组织的各项活动或工作进行有效控制，就必须首先明确相应的控制标准。

工作步骤：

（1）选择控制对象。一般地，影响实现组织目标成果的主要因素有：环境特点及其发展趋势、资源投入、活动过程。

（2）选择关键控制点。一般应统筹考虑的因素有：影响整个工作运行过程的重要操作与事项；能在重大损失出现之前显示出差异的事项；若干能反映组织主要绩效水平的时间与空间分布均衡的控制点。

（3）确定控制标准。控制标准的确定方法有统计计算法、经验估计法、工程方法等；控制标准的类型可分为定量标准和定性标准两大类，在组织中，通常使用的控制标准有：时间标准、生产率标准、消耗标准、质量标准、品质标准等。控制标准的基本要求有：简明性、适用性、一致性、可行性、可操作性、相对稳定性、前瞻性。

2. 衡量绩效

（1）衡量的主体。衡量实际业绩的主体不一样，就会对控制工作的类型、控制效果和控制方式产生影响。

（2）衡量的项目。需要衡量的是实际工作中与已制定的标准相对应的要素。

（3）衡量的方法。包括亲自观察、利用报表和报告、抽样调查等方法。

（4）衡量的频度。衡量实绩的次数或频率，通俗地说就是间隔多长时间衡量一次实绩。

3. 分析与纠偏

（1）分析偏差。偏差就是工作的实际绩效与标准值之间的差异，组织首先需要对偏差的性质进行分析和确认，以抓住问题的实质和重点。另外，组织还要对造成偏差的原因进行深入分析，找出偏差的真正原因。造成偏差的原因基本可以分为如下三类：计划指标或工作标准制定得不科学，脱离实际，本身存在偏差；组织外部环境中发生了没有预料到的变化；组织内部因素的变化。

（2）实施纠偏。在深入分析并找出偏差产生的原因后，组织就应该有针对性地采取措施，对偏差进行处理和矫正。组织的纠偏措施可以从修订标准或改善工作两方面进行。

【经典考研例题】

①试述控制的过程。（华东师范大学 2021 年、西北农林科技大学 2021 年论述题）

②简述控制的程序。（湘潭大学 2020 年论述题）

③试论述控制的必要性和控制的过程。（吉林大学 2023 年论述题）

第十三章 控制的方法与技术

复习指导

本章内容包括层级控制、市场控制与团体控制，质量控制方法，管理控制的信息技术三部分内容，考试中以名词解释和简答题为主。

知识框架

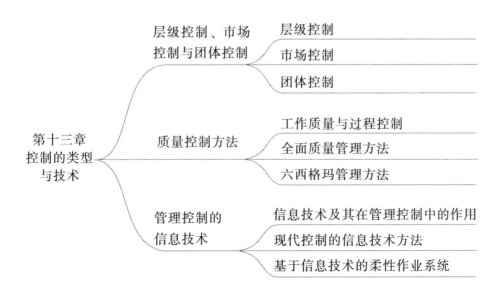

考点精讲

考点 1　层级控制

层级控制亦译为"官僚控制""科层控制",是指利用正式的章程、规则、政策、标准、科层权力、书面文件和其他科层机制来规范组织内部门和成员的行为并评估绩效。

常见的层级控制方法有预算控制、审计控制和财务控制。

1. 预算控制

预算控制就是根据预算规定的收入与支出标准来检查和监督各个部门的生产经营活动,以保证各种活动或各个部门在充分达成既定目标、实现利润的过程中对经营资源进行有效利用,从而使成本费用支出受到严格有效的约束。

预算控制的局限性:

一方面,预算只能帮助企业控制那些可以计量的特别是可以用货币单位计量的业务活动,但对那些不能计量的企业文化、企业形象等的改善却难以控制。

另一方面,编制预算时通常参照上期的预算项目和标准,可能出现对本期活动的实际需要估计不足,容易造成资源不足或浪费。

2. 审计控制

审计控制是指对反映组织资金运动过程及其结果的会计记录及财务报表进行审核、鉴定,以判断其真实性和公允性,从而起到控制的作用。

根据审查主体不同,审计可分为外部审计和内部审计。

外部审计是由组织外部的机构(如会计师事务所)选派审计人员对组织财务报表及其反映的财务状况进行独立的检查和评估。

内部审计是由组织内部的机构或由财务部门的专职人员独立进行的,其目的是为组织内部控制提供一种手段,以检查和评价各项控制的有效性。

外部审计和内部审计都有其局限性。外部审计对于组织控制过程的作用主要是间接的，由于外部的审计人员不了解组织的内部结构、生产流程的经营特点等，在具体业务的审计过程中可能遇到一些困难。内部审计则可能需要耗费很多，对审计人员的要求也比较高。

3. 财务控制

财务控制是指对企业的资金投入及收益过程和结果进行衡量与校正，以确保企业目标以及为达到此目标所制定的财务计划得以实现。具体的方法是将企业资产负债表和收益表等报表资料上的相关项目进行比较，形成一系列比率。

常用的比率可以分为三类：偿债能力比率、盈利能力比率和营运能力比率。

（1）偿债能力比率

偿债能力是指组织应付应偿债务的能力。组织必须具备足够的应对能力，但又不可留有过多的闲置资金，以免造成资金的浪费。常用的偿债能力比率有流动比率、速动比率、资产负债比率和付息能力比率等。

（2）盈利能力比率

盈利能力比率是一个组织的获利性指标，它反映了组织的盈利能力和经营业绩。常用的盈利能力比率有总资产收益率、销售利润率。

（3）营运能力比率

营运能力比率是反映组织对其现有经济资源利用效率的指标，它是衡量企业整体经营能力高低的一种方法。常用的营运能力比率有存货周转率、应收账款周转率、市场占有率等。

【经典考研例题】

①预算控制。（中国海洋大学 2018 年名词解释题）

②简述预算的内容及作用。（东北大学 2021 年简答题）

考点2 市场控制

市场控制是指组织借助经济的力量，通过价格机制来规范组织内部门（单位）和员工的行为。

1. 市场控制的动因

市场控制的动因是企业内部组织管理成本过高。随着组织规模的扩大，层级控制的程度往往越来越高，信息传递和处理的效率趋于降低，庞大的管理体系使企业付出高额的组织费用，企业内各部门缺乏发展的动力。

2. 市场控制的原则

（1）把组织建设成为由大量内部企业组成的机构。

（2）组织的高层管理者不再通过直接的命令来管理组织，而是把市场机制引入组织内部。

（3）在内部市场中鼓励集体的合作精神。

3. 市场控制的层次

企业内部的市场控制有三个层次，分别是公司层、部门层和个人层。

首先，在公司层次上，市场控制通常用于规范独立的事业（业务）部门，每个事业（业务）部门都是利润中心，企业高层管理人员一般使用盈亏指标对事业（业务）部门进行绩效评估。

其次，部门层次的市场控制表现为公司内部交易。转移定价就是企业运用市场机制调整内部交易的一种方法。

最后，个人层次上的市场控制常常表现为激励制度和工资制度。

考点3　团体控制

团体控制是指将个体融入团体之中，使个人的价值观与组织的价值观和目标相统一，通过团体的共同行为范式来实现组织成员的自我约束和自我控制。

1. 团体控制的动因

（1）组织的成员和工作的性质一直在发生变化。

（2）控制的环境在发生变化。

（3）雇佣关系发生了变化。

2. 团体控制的实施

（1）有效的团体控制需要构建创新的组织文化。

（2）有效的团体控制还需要创建响应顾客需求的文化。

（3）有效的团体控制还需要创建良好的职场精神。

考点 4　工作质量与过程控制

1. 产品质量与工作质量

质量是"一组（实体）固有特性满足要求的程度"。

工作质量涉及企业各个部门、各个层次、各个岗位工作的有效性，它取决于企业员工的素质，包括员工的质量意识、责任心、业务水平等。

产品质量与工作质量是既不相同又密切联系的两个概念。产品质量取决于工作质量，产品质量是企业各部门、各环节工作质量的综合反映，工作质量是保证产品质量的前提条件。因此，实施质量管理，既要不断提高产品质量，又要不断提高工作质量，通过保证和提高工作质量来保证产品质量。

2. 质量管理的发展

质量管理是指确定质量方针、目标和职责，并通过质量体系中的质量策划、质量控制、质量保证和质量改进来实现管理职能的全部活动。质量管理的发展大致经历了以下四个阶段：

（1）质量检验管理阶段（20 世纪 20—30 年代）

（2）统计质量控制阶段（20 世纪 40—50 年代）

（3）全面质量管理阶段（20 世纪 60—70 年代）

（4）质量管理国际化阶段（20 世纪 80 年代至今）

3. 过程控制优化

过程控制不仅是对产品提供全过程的管理，而且包括各方面业务过程的协调。

过程控制优化的基本方法是根据价值原则不断对业务流程体系进

行系统化改造，包括清除、简化、整合和自动化。

从根本上进行过程控制优化的方法被称为业务流程再造，就是从顾客的需要出发，重新整合企业资源，形成跨越职能部门边界、直达客户的横向的业务流程体系，达到更好、更省、更快的目的。

考点5　全面质量管理方法

全面质量管理是指"一个组织以质量为中心，以全员参与为基础，目的在于通过让顾客满意和本组织所有者、员工、供方、合作伙伴或社会等相关者受益而达到长期成功的一种管理途径"。

1. 全面质量管理的基本要求

全面质量管理的基本要求是"三全一多"，即全过程的质量管理、全员的质量管理、全组织的质量管理和多方法的质量管理。

全过程的质量管理强调，最终用户对产品质量的评价是以产品适用程度、使用时间的持久性以及使用的稳定性为依据的，因此，企业要以用户满意为基准，规划质量目标、制定质量标准，不断提高品的适用度。

全员的质量管理意味着质量控制要扩展到组织的所有人员。

全组织的质量管理要求从组织的纵、横两方面来保证质量的不断提升。

多方法的质量管理是指应用一切可以运用的方法，而不仅仅是数理统计方法。

2. 全面质量管理的实施原则

（1）以顾客为关注焦点

顾客是决定组织生存与发展的重要因素，为了赢得顾客，组织必须深入了解和掌握顾客当前的和未来的需求，进而满足顾客要求并争取超越顾客期望。

（2）领导作用

领导者要明晰组织的使命、愿景和核心价值观，创造全面参与的氛围，带领员工实现组织目标。

（3）全员参与

员工是组织的根本，只有激发全体员工充分参与的积极性和责任感，才能使其发挥才干给组织带来收益。

（4）过程方法

在开展质量管理活动时，必须着眼于过程，将活动和相关的资源作为过程进行管理。通过识别、分析、控制和改进过程，将能够影响质量的所有活动和环节都控制住，才可以更有效地得到期望结果。

（5）管理的系统方法

开展质量管理要用系统的思想和方法，针对制定的质量目标，识别、理解并管理好一个由相互联系的过程所组成的体系，才有助于提高组织的有效性和效率。

（6）持续改进

顾客的需要在不断提高，企业必须持续地对产品、过程和体系进行改进，以赢得顾客的满意和竞争的优势。

（7）基于事实的决策方法

企业必须广泛收集信息，用科学的方法处理和分析数据与信息，以确保数据和信息的充分、精确、可靠，做到以事实为依据，用数据说话。

（8）与供方互利的关系

在目前的市场竞争中，企业与供方或合作伙伴之间已形成了共生共荣的生态系统，互利的长期合作可增强彼此创造价值的能力。

3. 全面质量管理的基本方法

全面质量管理的基本方法是 PDCA 循环，又叫戴明循环，简称戴明环，包括计划、执行、检查、处理四个阶段循环。四阶段进一步细化为八个步骤：分析和评价现状；确定改进的目标；寻找可能的解决办法；评价这些解决办法并做出选择；实施选定的解决办法；测量、验证、分析和评价实施的效果；正式采纳更改；必要时对结果进行评审。

【经典考研例题】

①简述全面质量管理的基本方法。（华南理工大学 2017 年简答题）

②全面质量管理。（浙江大学 2020 年名词解释题）

③简述全面质量管理的基本要求。(中国海洋大学2023年简答题)

④全面质量管理的原则。(山东财经大学2023年简答题)

考点6 六西格玛管理方法

1. 六西格玛管理的内涵与价值

六西格玛(six sigma,6σ)管理是一种建立在统计标准基础上、被设计用来减少瑕疵率以帮助降低成本、节省时间和提高顾客满意度的质量控制方法。

六西格玛管理的宗旨是消除无增值活动,缩短生产周期,提高客户的满意度。

其指导思想是重视从组织整体的角度,站在顾客的立场上考虑问题,采用科学的方法,在组织经营的所有领域追求无缺陷的质量,最大限度地减少组织的经营成本,提高竞争力。

2. 六西格玛管理的原则

(1) 高度关注顾客需求

六西格玛管理强调以顾客为中心,持续关注顾客需求,并以此为基础进行绩效评估。

(2) 依据数据和事实管理

六西格玛管理高度重视数据,强调用数据说话,基于数据进行决策。在六西格玛管理中,所有生产表现、执行能力等,都可以量化为具体的数据,用数字来说明一切,进而寻求相应的改善对策。

(3) 重视流程的改善

六西格玛管理将工作的重点放在产品缺陷产生的根本原因上,认为质量是靠流程的优化,而不是通过对最终产品的严格检验来实现的。

(4) 开展主动改进型管理

六西格玛管理强调,企业要进行预防性的积极管理,在事件发生之前,预测问题、数据、状况等的变化方向和趋势,采取前瞻性、预防性的控制、纠偏措施,保证企业朝着预期的目标发展。

(5) 无边界合作

六西格玛管理倡导打破一切人为的屏障,改进公司内部各部门之间、公司与供应商之间、公司与顾客之间的合作关系。以公司的整体利益为导向，强化协作的紧密性和目标的一致性，最终实现品质改进的永无止境。

（6）追求完美但容忍失败

六西格玛管理的实质就是在提供完美、高水平的产品和服务的同时，努力降低质量成本。

3. 六西格玛管理的组织体系

组织实施六西格玛活动的一个关键问题是，创建一个致力于流程改进的专家团队，并确定团队内的各种角色及其责任，形成六西格玛组织体系。六西格玛组织通常由高层领导、倡导者、黑带大师、黑带、绿带、业务负责人等成员构成，他们各负其责，共同实现预期目标。

4. 六西格玛业务改进的方法

绝大多数企业在实施六西格玛管理时，都是采用边培训边实施的方式。这种方式在摩托罗拉公司被称为"行动学习"，在另外一些公司被称为"在干中学"。六西格玛业务改进最常用的方法是 DMAIC。即：界定、测量、分析、改进、控制。

考点 7　信息技术及其在管理控制中的作用

1. 信息与信息技术

信息是经过加工处理后对组织管理的决策和目标实现有参考价值的数据，如报表、账册和图纸等。信息是组织指挥和控制经营活动的依据，驾驭信息的能力在很大程度上决定着组织经营活动的效果。

信息技术是对信息进行采集、传输、存储、加工、表达和应用的各种技术的总称，主要包括计算机技术、通信技术和传感技术，涉及不同的硬件（如计算机、打印机等）、软件（如操作系统、文字或数据处理软件等）、网络（局域网、互联网、物联网等）、通信（电信、数据库管理等）、传感（传感器、信息处理等）等诸多领域。

信息化的定义：信息化是指企业、政府等各类组织通过广泛地应用信息技术，更有效地开发和利用信息资源，以提高管理能力、综合素质和绩效水平的过程。

信息技术在企业价值链各个环节的管理和控制都获得了广泛的应用。

（1）供应链管理信息化；

（2）生产过程信息化；

（3）营销与服务信息化，如客户关系管理等；

（4）管理过程信息化；

（5）政府信息化。

2. 信息技术在管理控制中的作用

首先，信息技术提升了管理信息的处理速度与质量。

其次，信息技术丰富了管理控制的方法手段。

最后，信息技术改善了管理控制的效果。借助互联网、无线通信和移动商务等技术，管理者可以方便地实现对组织工作的实时和异地监控，及时发现问题、查询原因并采取矫正措施。

考点 8　现代控制的信息技术方法

1. 电子数据处理系统

电子数据处理系统亦称交易处理系统，主要用于运营层的管理控制，用来处理日常的、循环的业务事件，处理的通常是一些具体的电子数据。

电子数据处理系统的特点是，能迅速而有效地处理大量数据，进行严格的数据整理与编辑，保证输入、处理和输出的完整性和准确性，逻辑关系简单，并能支持多用户使用。

2. 管理信息系统

管理信息系统是一个旨在支持管理人员履行其职能，以及时、有效的方式来收集、分析和传递组织内外部信息的系统。

3. 决策支持系统

决策支持系统是以管理科学（如运筹学、控制论等）和行为科学等为基础，以计算机技术、仿真技术和信息技术为手段，针对半结构化的决策问题，支持决策活动的、具有智能作用的人机系统。

决策支持系统的特点是：系统的用户就是决策者，可以用固定的模型和方法来解决半结构化的决策问题。

基于信息技术的柔性作业系统

1. 柔性作业系统的内涵与特点

柔性作业是指生产系统能对市场需求变化以较低的成本和较高的效率做出快速的适应。柔性作业系统就是为应对市场需求的多样性和环境变化的不确定性，在信息技术发展的基础上，由若干数控设备、物料运贮装置和计算机控制系统组成的，能根据制造任务和生产品种的变化而迅速进行调整的自动化制造系统。

柔性作业系统，主要有精益生产、制造资源计划、供应链管理、企业资源计划等。柔性作业系统的特点：

（1）以顾客需求为导向

（2）以信息技术为基础

（3）以敏捷反应为标志

2. 柔性作业系统的运作流程

柔性作业系统基本的运作流程是：首先，由企业建立与顾客之间的信息交换体系。顾客的产品需求信息可以通过信息终端反映到订单登录数据库，在相应管理软件的处理下生成订单；当顾客在优化的基础上同意订单时，订单信息就会即刻通过信息系统被送到生产工厂，进入订单数据库。其次，订单数据库接收信息并将其转变为不同的数据包，传送到在线装配指令监控器或工作站；加工站自动加工相应的零部件并通过物流系统组装产品，自动检测后输送到仓库，完成产品的制造过程。最后，企业根据顾客的要求，将个性化的产品配送到顾客手中。

3. 柔性作业系统的发展趋势

未来的柔性作业系统将在如下四个方面有进一步的发展：

（1）配置小型化

（2）系统结构模块化

（3）管理控制软件产品化

（4）控制系统设计集成化

第十四章　风险控制与危机管理

复习指导

本章主要包括风险识别与分析、风险评估与控制、危机管理三部分内容，考试中以名词解释和简答题为主。

知识框架

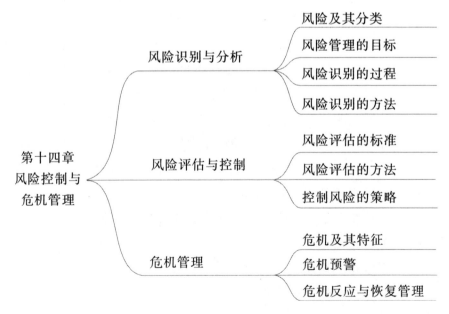

考点1 风险及其分类

风险界定为"不确定性对目标的影响"，并指出这种影响是对预期正向或负向的偏离。该定义体现了风险的两面性：正向的影响意味着机会和收益，负向的影响则意味着威胁和损失。

1. 静态风险与动态风险

按社会经济环境是否发生变化，风险可分为静态风险与动态风险。

静态风险，是指在经济环境没有变化时发生损失的可能性，通常是由自然客观因素或者人们的错误或失当行为造成的。

动态风险，是由组织外部环境变化而带来的损失可能性，通常由宏观经济、产业组织、生产方式、生产技术以及消费者等因素的变化所引起。

2. 纯粹风险与投机风险

按照是否有获利机会，风险可分为纯粹风险和投机风险。

纯粹风险，是指那些只有损失可能而无获利机会的风险。

投机风险，是指那些既有损失可能也有获利机会的风险。

3. 基本风险与特定风险

按照风险所涉及的范围，风险可分为基本风险与特定风险。

基本风险，也称为重大风险，是指特定的社会个体所不能预防或控制的风险。

特定风险，是指与特定的社会个体有因果关系的风险。

当然，还可以按照其他一些标准对风险进行分类。例如，按照风险是否会带来经济损失，分为经济风险和非经济风险；按照风险是否可以分散，分为可分散风险和不可分散风险；按照潜在的损失形态，分为财产风险、人身风险、责任风险和信用风险；按照损失形成的原因，分为自然风险、社会风险、经济风险和政治风险。

考点 2　风险管理的目标

风险管理，是指组织通过对风险的识别、衡量和处理，力求以最小的经济代价为组织目标的实现提供安全保障的管理活动。

风险管理根本目标是明确的，就是力求以最小的成本支出来保障组织目标的实现。

风险管理目标可以区分为两个方面：

1. 损失前目标

在风险事故尚未发生时，风险管理的目的是尽可能地消除、降低或转移风险事故的发生，确保组织的正常运营。风险管理的损失前目标包括：

（1）经济目标。

（2）合法性目标。

（3）社会责任目标。

2. 损失后目标

有时，风险事故难以避免。风险事故一旦发生，组织就应努力降低风险事故的影响，采取必要措施，尽快恢复到正常运营状态。

风险管理的损失后目标有：

（1）生存目标。

（2）持续经营目标。

（3）收益稳定目标。

（4）社会责任目标。

考点 3　风险识别的过程

风险识别是指管理者运用相关的知识和方法，全面、系统和连续地发现和描述组织所面临的各种风险、风险原因以及潜在的后果。

风险识别的过程：

1. 确定风险识别的内容和范围

风险识别工作是风险管理的关键环节，由于组织对于风险的认知和承受能力不同、投入风险管理的资源各异，所以对风险识别的侧重点也会不同。

2. 选择合适的风险识别工具

风险识别的主要任务是定性地判断特定的风险是否存在，在风险识别过程中，应根据识别对象的风险特点、风险环境、现有的风险管理资源等因素的不同，以及组织目标与组织资源能力的差异，选择合适的识别方法，以使识别工作更具精准性。

3. 进行全方位的风险识别

开展风险识别工作，就是识别出可能影响组织目标实现的内外部风险因素及其驱动因素，要重点关注如下两个方面：

（1）风险因素

发现引发风险事故的风险因素，才能有的放矢地改变风险因素的存在条件，并防止风险因素的增加或聚集。

（2）风险事故

风险事故是造成损失的原因，如火灾或盗窃会造成财产损失。通常，不同的风险因素可能产生相同的风险事故，从而造成企业或个人财物上的损失。风险识别的重要步骤是能够预见到风险事故，将可能产生事故的风险因素消灭在萌芽状态。

考点4 风险识别的方法

1. 现场调查法

现场调查法是了解组织运营实际状况、获取第一手资料的有效方法。一般由风险经理到现场实地观察各部门的运作，检查组织的各种设施及进行的各项操作，深入了解组织活动和行为方式，以便于从中发现潜在风险。

现场调查法的优点是风险经理可以借此获得第一手资料，也有利于风险经理与各部门管理人员及基层人员建立和维持良好的关系。

缺点则是，现场调查法需要花费大量的时间，成本较高。同时，定期的现场调查可能使其他人忽视风险识别或者疲于应付调查工作。

2. 审核表调查法

审核表调查法是现场调查法的一种替代，是由相关责任人或风险经理填写一种事先设计好的调查表，进而根据表格内容来识别分析。

审核表调查法的优点是：具有广泛的适用性，并能根据需要随时调整、修订表格中的调查内容；能获取大量的信息且成本较低。

缺点是：表格的制作有较高的专业要求并要具备丰富的实践经验；由于填写人员的素质等原因，填写不准确、不客观等；一些通用的调查表难以揭示出某个组织的特殊性。

3. 组织结构图示法

组织结构图示法是指通过绘制并分析组织结构图，来识别风险可能发生的领域与范围。通过该方法，可对如下方面的内容有更深入的了解：

（1）企业活动的性质和规模。

（2）企业内部各部门之间的内在联系、权力配置情况和相互依赖程度，分析是否有业务与权力交叉。

（3）企业内部可以区分的独立核算单位，这是对风险做出财务处理决策时所必须考虑的。

（4）企业存在的、可能使风险状况恶化的弱点，以及潜在风险的可能发生范围。

4. 流程图法

流程图法是将组织活动按照内在的逻辑联系绘成流程图，针对流程中的各个环节，特别是关键环节和薄弱环节，进行风险因素、风险事故及可能的损失后果等方面的识别和分析。

流程图法的优点是，能把一个问题分成若干个可以进行管理的问题，从而有利于风险识别。流程图较为简洁、清晰，基本上能够揭示出整个生产运营过程，有利于识别各环节中的风险。

流程图法也存在一些缺点，如需要消耗大量时间。从了解生产过程，到绘制流程图，还要对流程图进行解析并识别潜在风险，整个过程耗时较多。另外，流程图法只强调事故的结果，无法对事故发生的可能性进行评估。

5. 财务报表分析法

财务报表分析法是运用财务报表数据对组织的财务状况和经营成果及未来前景进行评价，从而分析和识别组织所面临的潜在风险的方法。

财务报表分析法的优点是风险识别所需资料较易获取，且具有可靠性和客观性的特点。另外，运用财务报表分析法，研究的结果主要是按照会计科目的形式编制出来的，易于识别隐藏的潜在风险，可以防患于未然。

但财务报表分析法的缺点是专业性强，缺乏财务管理的专业知识，无法识别组织潜在的风险。另外，当财务报表不真实时，就难以准确识别组织面临的潜在风险。

风险管理人员在选择使用这些工具时，应该有以下清醒的认识：

（1）任何一种方法都不可能揭示出经济单位面临的全部风险，更不可能揭示导致风险事故的所有因素。

（2）经费的限制和不断地增加工作会导致成本上升、收益下降，风险管理人员必须根据实际条件选择效果最优的方法或方法组合。

（3）风险识别是一个持续不断的过程，仅凭一两次调查分析不能解决问题，许多复杂的和潜在的风险要经过多次识别才能获得较准确的答案。

考点5 风险评估的标准

风险评估是指组织在分析既有风险损失资料的基础上，运用概率论和数理统计等方法对特定风险事故发生的损失概率和损失程度做出评价，以为风险管理决策提供依据。

风险评估的标准：

1. 系统性原则。在风险评估时，必须从整体出发，进行全面、系统的考察和评价。

2. 科学性原则。风险评估要秉持严谨、周密的科学态度，进行客观、准确的评估。

3. 动态性原则。风险评估中，要考虑到环境变化对风险的影响。根据环境发展变化，预测风险的可能变化趋势，并做出相应的分析评价，以尽可能客观地反映出风险情况。

4. 可操作性原则。风险管理人员要尽量选择简洁、科学且容易获取数据资料的评估方法，尽量避免高深、复杂而又难以获取相关数据资料的评估方法，以提升评估的可操作性。

考点6　风险评估的方法

1. 损失概率和损失程度的估测

风险的衡量和评价主要从两个方面进行：一是风险发生的可能性，即损失概率；二是风险发生后，风险事故可能造成的损失有多大，即损失程度。

2. 情景分析

情景分析是指通过假设、预测、模拟等手段生成可能发生的未来情景，并分析各种情景下可能对组织目标实现产生影响情况的一种分析方法。情景分析可以采用正式或非正式的、定性或定量的手段进行，主要适用于可变因素较多的项目的风险分析。

3. 敏感性分析

敏感性分析是指通过分析和测算系统的主要因素发生变化时引起系统评价指标变化的幅度，以及各种因素变化对实现预期目标的影响程度，从而确认系统对各种风险的承受能力的一种方法。

4. 风险地图

风险地图是指将一个或多个风险的可能性及影响用图形来表示，从而为风险管理决策提供参考的一种方法。

考点7　控制风险的策略

1. 风险避免

风险避免，也称风险规避，是指在风险发生的可能性较大且影响程度较高的情况下，组织采取的中止、放弃或调整等风险处理方式以避免风险损失的一种方法。风险避免的方式：

（1）完全拒绝承担风险：当风险事故发生的可能性很大且损失程度很高，或者认为自身不愿承担该风险时。

（2）试探承担部分风：当组织对风险进行评估后发现，一步到位开展某项经营活动的风险太大且组织难以承担时。

（3）中途放弃承担风险：组织在进行某项经营活动时，由于内外环境的变化等原因，使得风险增加或者组织承担风险的能力降低。

2. 风险分担

风险分担是指组织将自身可能遭受的风险或损失，有意识地通过正当、合法的手段，部分或全部转移给其他经济单位的风险处理方式。根据风险的分担方式，风险分担可以分为财务型风险分担和非财务型风险分担两类。

（1）财务型风险分担

保险是最常用的一种风险分担方式。利用保险进行风险分担就是通过保险合约，以投保的方式将组织面临的潜在风险转移给保险公司。

（2）非财务型风险分担

非财务型风险分担是指企业将可能引起损失的风险通过一系列的合约转移给非保险业的经济单位的方式。

3. 损失减低管理

损失减低管理是指组织有意识地接受经营管理中存在的风险，并以谨慎的态度，通过对风险的分散以及风险损失的控制，从而化大风险为小风险，变大损失为小损失的风险处理方式。损失减低管理有如下两种方式：

（1）风险分散。风险分散是指组织将面临的风险单位进行分割，划分为若干个较小而价值低的独立单位，并分散于不同的空间，以降低组织可能遭受的风险损失程度。

（2）复制风险单位。复制风险单位是指组织备份一份维持正常的经营活动所需的资源，在原有资源因各种原因不能正常使用时，备份风险单位可以代替原有资产发挥作用。

4. 风险保留

风险保留是指面临风险的组织自己承担风险事故造成的损失，并做好相应的资金安排。

（1）按照对风险管理的计划性和主动性，风险保留可以分为主动的、有意识的、有计划的风险保留和被动的、无意识的、无计划的风险保留。

（2）按照保留风险的程度，风险保留可以分为全部风险保留和部分风险保留。

考点8　危机管理

1. 危机及其特征

危机是指突发的、严重影响组织的生存与发展的一种状态。

（1）危机与风险的区别

①风险是损失的不确定性，损失概率有高有低，损失程度有大有小；危机是可能带来严重破坏后果的突发事件。

②风险是危机的诱因，危机是风险积聚后的显性表现。当风险积聚到一定的程度而爆发后，其呈现的形态才是危机。

③并非所有风险都会引致危机，只有风险释放的危害积累到一定的规模，带来的破坏后果较为严重时，才出现危机。

（2）危机的特征

①突发性。危机的发生通常比较突然、出乎人们的意料，使组织原有的运行状态被突然打破，管理者往往来不及做出反应或者准备不足，进而陷入混乱之中，甚至束手无策。

②危害性。危机的发生通常较为突然，容易给管理者带来惊恐和混乱，导致决策失误等问题。

③紧迫性。危机的发生不仅突然，而且发展非常迅速，可能在短时间内带来巨大的损失，或产生一系列连锁反应。

④信息资源不充分。危机的发生通常较为突然，管理者对危机情

境缺乏认识，也没有足够的时间收集信息。同时，混乱和惊恐的心理会造成信息的失真，使得管理者获取的信息较为复杂。

2. 危机预警

（1）危机预警系统的建立

危机预警系统一般由四个子系统构成，即信息收集子系统、信息加工子系统、信息决策子系统和警报子系统。

（2）危机应对的准备工作

危机应对的准备工作是为危机的突然发生做好事先的准备工作，包括危机管理小组的设立、危机预案的制定、危机预案的演习、危机管理意识的培训、各种物资的储备，以及为了减少危机损失而事先采取的一系列措施。

3. 危机反应与恢复管理

（1）危机反应。包括建立危机处理小组、启动应急预案或制定新的方案、隔离危机和获取更多信息。

（2）危机恢复。包括建立危机恢复小组、获取危机处理信息、制定并实施危机恢复计划和危机评估与发展。

【经典考研例题】

①危机管理。（华南理工大学 2017 年名词解释题）

②简述危机的管理控制。（青岛大学 2017 年简答题）

第十五章　创新原理

　　本章主要包括组织管理的创新职能、管理创新的类型与基本内容和创新过程及其管理三部分内容，考试中以名词解释和简答题为主。

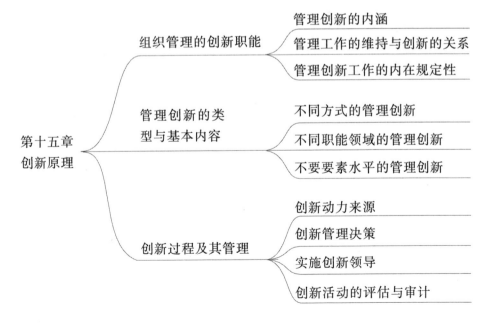

考点精讲

考点1 管理创新的内涵

管理创新活动是相对于维持活动的另一类管理活动，它是在探究人类创新活动规律的基础上，对管理活动改变的过程，是一种产生新的管理思想和新的管理行为的过程。作为管理工作的一种状态，管理创新就是改变管理理念和创新职能管理手段，其目的不仅在于提升组织创新能力，而且在于提高组织管理效率，创造社会财富，实现组织新的目标。管理创新丰富的内涵：

1. 管理活动由维持活动与创新活动构成。维持活动是对组织系统目标、结构和运行规则的设计、启动和监视；创新活动则是面对组织系统与环境不协调情况，对组织系统调整与改变的过程。

2. 不管组织管理系统设计、启动和监视，还是组织管理调整与变化，它们都是一定管理思想和行动的结果。管理创新不仅包括对管理职能活动的变革与创新，更包括这些职能活动背后的思维创新。

3. 管理创新中的"管理"，既是名词，也是动词。作为名词的管理创新是指管理工作的创新活动，而作为动词的管理创新是指对于人类创新活动的积极管理过程。

【经典考研例题】

简述创新职能的基本内容。（吉林大学 2017 年简答题）

考点2 管理工作的维持与创新的关系

1. 维持与创新对系统的存在都是非常重要的

（1）维持是保证系统活动顺利进行的基本手段，也是组织中最常见的工作。管理的维持职能便是严格地按预定的规划来监视和修正系统的运行，尽力避免各子系统之间的摩擦，或减少摩擦而产生的结构内耗，以保持系统的有序性。

（2）创新职能为适应系统内外变化而进行的局部和全局的调整，系统不断改变或调整取得和组合资源的方式、方向和结果，以新的方式做出新的贡献，这正是创新的主要内涵和作用。

综上所述，作为管理的两个基本环节，维持与创新对系统的生存发展都是非常重要的，它们是相互联系、不可或缺的。创新是维持基础上的发展，而维持则是创新的逻辑延续；维持是实现创新的成果，而创新则为更高层次的维持提供了依托和框架。

2. 创新与维持的关系

（1）创新管理与维持管理在逻辑上表现为相互连接、互为延续的链条。

（2）有效管理是实现维持与创新最优组合的管理。

（3）维持管理与创新管理在目标和方向上的不同表现为在基本职能上的差异。维持管理致力于维持秩序，而创新管理则是力图突破现状。

【经典考研例题】

简述维持与创新的关系。（广东工业大学 2020 年简答题）

考点 3　管理创新工作的内在规定性

管理创新职能与决策、组织、领导、控制职能之间并非并列独立的，而是相对于维持工作而言的独立存在。

1. 创新是一个管理过程

创新管理工作并不等于个别的创新活动，而是大量的创新活动表现出的共性的逻辑与原则。

创新管理工作离不开管理工作的基本职能，创新工作经历了内外因素分析、创新计划和决策、组织和实施创新活动等环节。

2. 管理创新的内在精神——企业家精神

作为独立存在的管理职能，管理创新工作具有超越基本管理职能决策、组织、领导和控制的内容，或者说它赋予基本管理职能以新的展开方向。

作为创新的一种基本特征，管理创新具有企业家精神，或称为创业精神，这种精神以发展机会为导向，敢于承担风险和不确定性，敢于提前行动，他们将变革视为有益的常态活动。企业家精神（创业精神）中的企业家不是特指从事经济活动的企业家，而是通指具有此类精神的一切社会行动者。

考点4 管理创新的类型与基本内容

1. 不同方式的管理创新

（1）从创新程度分类，管理创新可以分成渐进式创新与破坏性创新。渐进式创新是对现有的管理理念和管理方法进行局部性改进，而产生的一种新的管理活动。与之不同，破坏性创新则是对于现有管理理论、手段和方法的根本性突破。

（2）按照创新的变革方式分类，管理创新可分为局部创新、整体创新、要素创新和结构创新。

局部创新是指在系统性质和目标不变的前提下，系统活动的某些内容、某些要素的性质或其相互组合的方式，系统的社会贡献的形式或方式等发生变动。

整体创新则往往改变系统的目标和使命，涉及系统的目标和运行方式，影响系统的社会贡献的性质。

要素创新是指对于构成整个管理活动的基本要素进行的创新。对于要素组合方式进行创新。这种创新被称为结构创新。

（3）从创新的组织化程度上看，管理创新可分为自发创新与有组织的创新。

自发创新是说系统内部与外部直接联系的各子系统接收到环境变化的信号以后，必然会在其工作内容、工作方式、工作目标等方面进行积极或消极的调整，以应对变化或适应变化的要求。

有组织的创新包含两层意思：一是系统的管理人员根据创新的客观要求和创新活动本身的客观规律制度化地检查外部环境状况和内部工作，寻求和利用创新机会，计划和组织创新活动。二是在这同时，系统的管理人员要积极地引导和利用各要素的自发创新，使之相互协调并与系统有计划的创新活动相配合，使整个系统内的创新活动有计划、有组织地展开。

【经典考研例题】

简述渐进式创新与破坏性创新的异同。（辽宁大学 2023 年简答题）

2. 不同职能领域的管理创新

（1）战略创新

战略创新是旨在发现和变革组织目标，探寻新的行动路径的管理决策活动。在经济管理中，企业战略创新首先表现为企业各个时期的具体经营目标，需要适时地根据市场环境和消费需求的特点及变化趋势加以调整和变革，每一次调整和变革都是一种创新。

（2）组织创新

组织创新主要有制度创新、结构创新和文化创新。

①企业制度主要包括产权制度、经营制度和管理制度三个方面的内容。

企业制度创新的方向是不断调整和优化企业所有者、经营者、劳动者三者之间的关系，使各个方面的权力和利益得到充分的体现，使组织的各种成员的作用得到充分的发挥。

②组织结构的创新是组织横向结构与纵向结构两个层面各种创新与变革的总和，它重点在于调整组织工作分配，重新划分内部权力和责任关系以及沟通系统。

③文化创新是从生存环境的变化入手，对组织文化进行变革，清除旧的习俗与理念，将组织文化与组织创新活动相匹配，适应外部环境的变化，获取竞争优势。

（3）领导创新

领导创新是领导工作的创新和对创新工作有效领导内容的总和。

①培养和挖掘领导者的创新素质

人的创新素质不仅仅是一种智力特征，更是一种人格特征，是一种精神状态，是一种综合素质。

②创新领导方式

变革型领导具有四个维度：一是领袖魅力，二是感召力，三是智力刺激，四是个别化关怀。

③构建激励创新的氛围

有效的创新激励包括鼓励创意和给创意充分的时间，赋予工作很大的自由与自主性，对于挑战性目标承诺，工作团队的支持和公平合理奖励、晋升的激励制度。

3. 不同要素水平的管理创新

管理范式就是在管理学研究和实践中能够被人们广泛接受、具有典型意义的理论架构或模式，是一种支配、引导人们如何思、如何行的世界观和信念，是一种将组织及其管理活动中看似互不相干的事件以一种有意义的方式加以统整的工具。

（1）管理思维创新

管理思维创新就是突破管理思维惯例，在管理实践中，一般现存企业是在已有管理知识范式和管理技术的基础上寻求管理变革或改进管理的。而创业企业往往会带来导致知识跳跃式发展的新范式。因为现存组织存在的逻辑基础就是服务于已有管理思维，对其变革和创新是一场自我毁灭的过程。

（2）管理环境创新

环境是组织生存的土壤，同时制约着组织发展。环境创新不是仅要求组织为适应外界变化而调整内部结构或活动，而是指组织通过积极的创新活动去改造环境，去引导环境朝着有利于组织发展的方向变化。

对企业来说，环境创新的主要内容是市场创新和人才环境创新。

市场创新主要是指通过企业的活动去引导消费，创造需求。

人才环境创新不仅包括根据组织发展和技术进步的要求不断地从外部取得合格的新的人力资源，而且更应注重内部现有人力的继续教育，用新技术、新知识去培训、改造和发展他们，使之适应技术进步的要求。

（3）管理技术与方法创新

管理技术与方法是对用来实现管理目的而运用的手段、方式、途径和程序等的总称。管理技术与方法创新是反映组织管理实力的一个重要标志，为了在激烈的市场竞争中处于主动地位，组织应当顺应和引导管理技术发展的方向，不断地创新管理方法与管理技术。

考点5　创新动力来源

1. 意外的成功或失败。不论是意外的成功，还是意外的失败，都有可能是向企业昭示着某种机会，企业必须对之加以仔细地分析和论证。

2. 企业内外的不协调。当企业对外部经营环境或内部经营条件的假设与现实相冲突，或当企业经营的实际状况与理想状况不相一致时，便出现了不协调的状况。企业必须仔细观察不协调的存在，分析出现不协调的原因，并以此为契机组织技术创新。

3. 过程改进的需要。它引发的创新是对现已存在的过程（特别是工艺过程）进行改善，把原有的某个薄弱环节去掉，代之以利用新知识、新技术重新设计的新工艺、新方法。以提高效率、保证质量、降低成本。

4. 产业和市场的改变。处在行业之内的企业通常对行业发生的变化不甚敏感，面对同一市场和行业结构的变化，企业可能做出不同的创新和选择，而多种选择都可能有其存在意义和价值创造空间。

5. 人口结构的变化。作为企业产品最终用户的人口，其有关因素对企业经营的影响进而对创新的要求是难以判断和预测的。分析人口数量对企业创新机会的影响。不仅要考察人口的总量指标，而且要分析各种人口构成的统计资料。

6. 人们观念的改变。对事物的认知和观念决定着消费者的消费态度，消费态度决定着消费者的消费行为，消费行为决定一种具体产品在市场上的受欢迎程度。

7. 新知识的产生。一种新知识的出现，将为企业创新提供异常丰富的机会，知识性创新是多因素共同作用的结果。

【经典考研例题】

简述企业中可能存在哪些技术创新的来源。（中国海洋大学 2018 年简答题）

考点6 创新管理决策

1. 创新基础的选择

创新基础的选择需要用以解决在何种层次上组织创新的问题，或者说创新主体是谁，相应的资金定位问题等。

2. 创新对象的选择

从技术创新角度来看，创新对象选择主要涉及材料、产品、工艺、手段等不同方面。

3. 创新水平的选择

创新水平解决的主要是在组织企业创新活动时，是采取一个领先于竞争对手的先发优势战略，还是实行后发优势战略。

先发优势战略是在行动上先人一步、目的是在市场竞争中高人一筹、先人一步行动，率先行动。

后发优势战略就是指企业主动规避技术竞赛风险，选择恰当时机进入，获取技术竞赛上领先地位的行为。

4. 创新方式的选择

不论企业创新的水平和对象如何，企业在创新活动的组织中都可以有两种不同的选择：利用自己的力量独家进行开发，或者与外部的生产、科研机构联合起来共同开发。

考点7 实施创新领导

管理学家约翰·科特提出创新领导包括八个环节：树立紧迫感；建立强有力领导联盟；构建愿景规划；沟通创新愿景；广泛的授权运动；夺取短期胜利；巩固已有成果，深化创新；将创新成果制度化。

（1）树立紧迫感是创新工作的一项关键责任。

（2）建立强有力的领导联盟是创新工作必须有的组织保障。

（3）构建愿景规划能够引导创新的方向。

（4）沟通创新愿景就是利用各种可用的媒介工具，与其他人沟通新的愿景规划和战略，通过领导联盟的示范传授新的行为。

（5）广泛的授权运动是实现组织创新愿景的基础。

（6）夺取短期胜利就是不只是等待愿景的完全实现，而是计划取得一些小的胜利，让每个人都能看到进步。

（7）巩固已有成果，深化创新就是利用对前一阶段成果的良好信任，改革与愿景规划不相适应的体制、结构、政策。

（8）将创新成果制度化就是将创新的活动融入组织文化之中，展示创新的积极成果，表明新的行为方式和改进结果之间的联系，不断地寻找新的变革力量和领导者，不断吸引创新先导者共同对变革与创新负起责任。

考点 8 创新活动的评估与审计

创新活动的评估与审计是以创新的测量为基准，按照评估基本原则的要求，通过运用多种评估审计的方法，确定评估的关键环节和关键问题，找出目前状况和期望状况之间的差距，进而对创新过程和创新业绩提出改进的方案，为企业持续创新活动提供保障。

从主要内容来看，创新评估可以分为技术评估型、过程评估型、系统评估型、绩效评估型。

以技术创新过程评价为基础，陈劲等提出了技术创新审计模型。该模型认为技术创新过程是技术创新核心过程、周边系统和技术能力积累三个模块共同作用的结果。

近年来，创新评估逐渐呈现多维性，从开始以投入与产出来衡量创新绩效，到以实现过程、能力、内外系统等来衡量创新绩效。

第十六章 组织创新

复习指导

本章包括组织变革与创新、组织结构创新、创新与学习型组织三部分内容，考试中以名词解释、简答和论述题为主。

知识框架

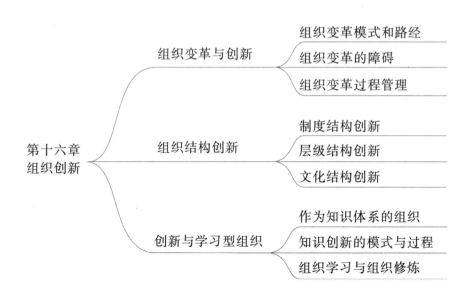

考点精讲

考点1 组织创新

组织创新是管理创新工作的关键性内容，它不仅将创新工作置于组织化的有机运行之下，更是为创新工作可持续发展提供了基础保障。做好组织创新工作就要消除组织创新与变革的障碍，对组织结构进行变革和创新，有效配置创新人才，构建可持续创新的学习型组织。

组织变革行为都是对新的发展方向和发展手段的探索，是为了创造出新的产品、新的技术、新的制度和新的组织结构。创新的过程也是变革过程，组织无不以变革为开始，即使是新创组织也是创业者一种自我变革的过程。组织创新的过程首要的是发现其变革的障碍，明确变革路径，获取变革的合法性。

【经典考研例题】

①组织创新。（大连理工大学 2016 年名词解释题）

②组织变革。（对外经贸大学 2017 年、湘潭大学 2015 年名词解释题）

考点2 组织变革模式和路径

1. 理性组织变革的模式

勒温最早提出了理性组织变革的三个阶段模式，即激发人们变革通常所需的三个阶段：解冻、转变、冻结。

（1）解冻就是指在组织内部广泛宣传变革与创新的必要性，让每个人和每个团体都能够真正地感受到变革与创新的必要性，接受变革与创新的挑战。

（2）转变就是实施变革与创新的过程。它是指通过寻找机会、提出构想、迅速行动、坚持不懈等变革与创新的环节，提出变革与创新的观念和将其付之于行动的过程。

（3）冻结是指通过加强和支持手段，使得变革与创新活动锁定成为组织的新范式和新规范。这个阶段的核心工作是如何评估变革的成果，将变革制度化。

2. 组织变革的四条路径

组织变革从其过程的方式也可分成渐进式和突变式。由此，组织变革可以划分为四条基本路径：演化、适应、改造和革命。

（1）演化

它是一种转型式变革。它是通过不同的变革阶段和相互联系的变革行动逐步进行的，其中每一次变革都是建立在上一次变革基础上的。演化是有计划的主动转型过程，管理者根据未来预测，主动实施变革行为。

（2）适应

它是一种非典型变革。它分阶段缓慢进行，往往不会造成根本性的转型革命，多数是在现有理念下业务不断调整的过程，在这个过程中组织也常常是被动适应性的，只是到了形势突然严峻起来的时候，适应模式才可能会发展成为改造模式。

（3）改造

它将调整组织运作方式，比适应更加显著和快速。它往往波及许多变革计划，如大规模经营转向等。

（4）革命

在短时间内，组织在很多领域都开始了齐头并进的变革，此时组织有可能就进行了革命性变革。这种变革与环境的突然变化有很大关系，就如同近年来电子商务在中国的发展一样，线上业务快速增长，使得传统业务面临着沉重打击，企业商业模式、业务领域都要进行变革。

【经典考研例题】

组织变革的三个阶段及方法。（哈尔滨工业大学 2017 年简答题）

考点3 组织变革的障碍

组织中对于变革与创新的抵触力来自复杂的系统因素：组织文

化、既定的发展战略、组织结构、技术水平、领导风格、成员因素都可能使得变革与创新受到阻碍。人的因素是变革与创新抵触力中最活跃的因素。

1. 认知与心理因素

（1）缺乏了解。不少组织在进行变革与创新的方式上存在问题，缺乏与组织成员进行事前的有效沟通，变革与创新领导小组闭门造车。

（2）评价差异。组织成员间私有信息的差异会导致人们对变革与创新活动有着不同的评价和看法，信息不对称使得组织员工并不像管理者那样看待企业制定的新的战略目标；组织成员怀念"过去的好时光"会导致变革与创新目标认知的差异。

（3）认知惰性。人们习惯于原来的工作方式，并不希望打破现状，这使得人们不自觉地产生对于变革与创新的抵制情绪。

2. 资源路径依赖因素

（1）核心能力刚性。核心能力的刚性愈强，组织创新的路径依赖特征愈明显。

（2）企业家行为选择的路径依赖性。企业家正是根据他们对环境特征及其变化的认识，根据他们对企业拥有的经营资源的质和量的认识来制定和比较不同决策方案的。

（3）企业文化的组织记忆特征。作为组织记忆的企业文化，制约着企业员工的思维方式，并通过对员工思维方式的影响，限制着企业员工以及企业的行为选择，从而制约着企业组织创新与变革。

3. 社会与政治影响因素

（1）个人利益。变革与创新意味着原有的组织结构被打破，工作流程将被重新设计，利益将被重新分配。

（2）道德的困境。组织变革常常伴随着对传统道德观念的突破，因此道德孪生兄弟的压力也阻碍组织变革。

（3）团队心理压力。因为变革可能否定过去的成绩，来自同事的压力，打乱原有的工作节奏，所以大家不愿打破现状而去尝试新路。

此外，变革与创新的时机和其出现的突然性也会造成抵触的情绪。不少组织的创新阻力就是来自缺乏对变革时机的合理把握；缺乏赋予人们足够的心理准备时间。

【经典考研例题】

①阻碍组织变革的因素有哪些？（上海交通大学 2015 年简答题）

②请简述组织变革可能遇到的阻力，以及消除变革阻力的管理对策。（南京师范大学 2020 年简答题）

考点4 组织变革过程管理

1. 激发组织变革的意愿

（1）感受变革的需求。组织变革启动的首要因素是组织利益相关者深刻感受到了组织变革的需求。他们对组织现状表现出不满，激发了尝试新组织方式的意愿，包括新的规章制度、新的技术手段、新的工作流程等。

（2）消除组织变革障碍。消除变革抵触情绪的方法，主要包括教育和沟通、参与和投入、提供便利和支持等。有时，组织政治手段对启动组织变革也是必要的。

①教育和沟通

一般的应用条件：信息缺乏或资料及分析不精确。

优点：人们一旦被说服，就往往会帮助实施变革。

缺点：如果涉及的人很多，就会很费时间。

②参与和投入

一般的应用条件：变革的发起者所需的资料不完整或者其他人的反对力量强大。

优点：参加到变革计划中的人会热衷于它的实施，他们所掌握的相关信息也将被包括到计划之中。

缺点：如果参与者设计了一项不合适的变革方案，就很浪费时间。

③提供便利和支持

一般的应用条件：人们是因调整问题而反对。

优点：这是处理调整问题的最好方法。

缺点：可能耗费时间和金钱，并有可能白费。

④协商和同意

一般的应用条件：有些人或有些团体将在变革中遭受明显的损失，而且这些团体的反对力量强大。

优点：有时这是一条避免强烈抵触的简便途径。

缺点：如果它提醒了其他人都要通过协商才顺从的话，组织将要付出相当高的代价。

⑤操纵和拉拢

一般的应用条件：当其他技巧都无效或太昂贵时。

优点：这是一种相对迅速、节约时间的解决方式。

缺点：为未来埋下隐患，因为人们可能认识到自己被操纵了。

⑥明示的或暗示的强制

一般的应用条件：时间紧急而且变革的发起人有相当的权力。

优点：迅速并能解决任何反抗。

缺点：如果发起者激怒了某些人，就很危险。

2. 创造组织共同愿景与意义给赋

在组织变革过程中，组织愿景为组织变革描绘了一个可见的未来，它为变革设计、执行及评估提供了一个价值导向；通过为组织成员明确共同目标，为变革的合法性进行解释和辩护，找到组织成员为变革努力的依据，增强人们对组织变革的承诺。

3. 获取持久变革的动力

（1）创新活动的人才配置。组织需要引进和开发创新人才，包括创造人才（创客），也需要对创新人才进行职能管理，如招聘与培训管理、绩效管理、薪酬管理、职业生涯发展规划等。组织变革中的人力资源配置就是要使人力资源成为组织变革的核心推动力。

（2）创新人才的特质和角色。组织创新者呈现出不同的形式和风格，扮演不同的关键角色：发起者、拥护者、助推者、观望者和反对者。组织变革领导者必须明确定义内部拥护者的本质和角色，建立一整套与之相适应的奖罚制度。

（3）创客时代的动力。创客空间将创意、发明、创新、创业转化为一个有机的过程，将成为创业的集散地和创新社区的中枢。应当说，创客时代的到来使得组织创新拥有了一个无限广阔的动力来源。

考点5 制度结构创新

组织制度结构并不是指内部运营的规章制度，规章制度只是用来规范员工个体行为的。作为规范组织各类参与者间权力与利益关系规范的总和，组织制度结构是不同参与者之间的协调机制，是一种权力分配和利益分配机制，它规定了不同参与者应当承担的义务和应享有的权利。

1. 工业社会的企业制度结构特征及其原因

决定企业制度安排的根本性力量是各种投入要素的相对稀缺程度。资本的所有者在过程开始之初就拥有着选择过程运行的方向、组织过程的推进、处理过程的结果的各种权力。在这种背景的企业中，知识特别是管理知识虽也已开始占据一席之地，但主要是作为资本的附属而存在的。

2. 后工业社会的企业制度结构创新——知识创新

人们在企业中的活动可以分为两类：一类是有关操作的知识，即人们作用于物的劳动，主要需要与操作有关的知识；另一类是有关协调的知识，它们是作用于其他人的劳动，主要需要与协调有关的知识。

工业社会是以操作知识的发展为基础的，工业社会的发展又不断促进着操作知识的进步。

工业社会愈发展，分工劳动愈细致，劳动者的知识愈专门化，与协调不同劳动者的分工劳动有关的知识就愈加重要。

因此，在工业社会锐变而来的知识社会或后工业社会中，知识正变为最重要的资源，企业内部的权利关系正朝向知识拥有者的方向变化，企业的制度结构正从"资本的逻辑"转向我们所称的"知识逻辑"。

考点6 层级结构创新

1. 工业社会的企业层级结构及其特征

作为工业企业的主要组织形式，层级结构曾表现出如下主要特征：直线指挥，分层授权；分工细致，权责明确；标准统一，关系正式。

（1）直线指挥，分层授权。在工业社会的层级结构中，由于时间与精力的原因，管理者有效管理幅度是有限的，因此必须把本应属于自己的部分工作及其相关的权力委托给一些部属去完成和行使。

（2）分工细致，权责明确。层级结构的工业企业实行细致的劳动分工。分工原则不仅体现在与产品制造过程相关的生产劳动中，而且体现在与生产过程协调有关的管理劳动中。

（3）标准统一，关系正式。在工业经济背景下，企业在生产过程组织合理化的同时，使作业方法标准化。在生产过程的不同环节和岗位上，生产者按照标准的方法来完成作业。

2. 后工业社会与企业层级结构的改造

弹性的、分权化的企业要求不断进行知识创新。新的层次组织安排也要有利于企业成员的学习。

网络化组织的特性：

（1）它在构成上是平等的联盟而非严格的等级排列。

（2）成员在网络组织中的角色是动态变化的。网络中的工作单元之间的关系则是围绕特定项目而设计的。随着环境和项目进展情况的变化，网络结构表现出动态调整的特性。

（3）成员在网络结构中的权力地位不是取决于其职位，而是来自他们拥有的不同知识。

因此，网络结构是适应型的、学习型的组织结构。

后工业化时代变化可能是对现存的层级组织进行网络化的改造：用网络结构来补充层级结构，而不是将后者完全取代，即网络化的层级组织。

考点 7　文化结构创新

1. 工业社会中企业文化的功能与特点

企业文化在工业社会中有如下功能与特点：

（1）企业文化是作为企业经营的一种副产品而出现的。

（2）企业文化基本上反映了企业组织的记忆。

（3）企业文化是作为一种辅助手段而发挥作用的。

（4）企业文化是一元的。

2. 后工业化时代的企业文化创新

（1）企业文化将成为企业管理重要的甚至是主要的手段。

（2）企业文化将是人们自觉创造的结果。

（3）作为人们自觉行为结果的企业文化主要不是记忆型的，而是学习型的。

（4）企业文化将在强调主导价值观与行为准则的同时，允许异质价值观和行为准则的存在。

考点 8 作为知识体系的组织

1. 知识与知识种类：知识的定义、显隐性知识

知识是通过实践、研究、联系或调查获得的关于事物的事实和状态的认识，是对科学、艺术或技术的理解，是人类获得的关于真理和原理的认识的总和。

波兰尼将知识划分为显性知识和隐性知识两种。

显性知识可以用正式系统的语言来表述，可以用数据、科学公式、说明书和手册等形式来共享，它容易被处理、传递和储存。

而隐性知识却是高度个人化的，难以公式化，它牢牢地与行为、规程、日常活动、信念、价值和情感联系在一起。

2. 企业知识理论

为什么可以将组织看成是知识的体系，或者说企业本质就是知识和知识创造呢？

（1）从潘罗斯的企业资源异质性假设出发，组织知识理论认为，企业间差异归根到底是因为它们拥有不同的知识资源，它们对市场知识的差异就能使它们看到不同顾客的需求，对运营知识的差异就能使它们发现不同组织的生产路径。因此，可以认为知识是企业最有价值

的资源。

（2）由于知识具有路径依赖性，那些独特组织往往是别的企业难以模仿的，其中企业的隐性知识具有特殊地位。

（3）企业更加具有制度能力去有效地进行知识的创造和扩张，更加有利于保护知识使用和免受模仿等权利，企业的本质就是知识的创造和利用。

3. 作为组织细胞的知识

纳尔逊和温特将那些独特的组织知识称为组织惯例，将它们看成是企业的细胞。惯例对于组织内部生产性和技术性的知识储存（组织记忆）的功能是无法被还原为其单个成员的有效记忆的。它们具有以下三个特性：

（1）惯例是组织记忆的知识。

（2）惯例是组织成员一致的知识。

（3）惯例是组织延续的知识。

组织创新惯例是组织进行管理创新、应对环境变化的重要资源。这种资源也常常被学术界称为组织动态能力。

考点9　知识创新的模式与过程

1. 知识创新的模式

知识创新创造过程可以分成社会化、外在化、组合化和内在化四种模式。组织知识创造的过程是一个连续的、自我升级的螺旋式运动过程，知识的创造需要触发事件引发的条件，野中郁次郎称为"巴"。

（1）社会化——从隐性知识到隐性知识。

（2）外在化——从隐性知识到显性知识。

（3）组合化——从显性知识到显性知识。

（4）内在化——从显性知识到隐性知识。

2. 知识创新过程的五个阶段

知识创造的过程是在隐性知识与显性知识、个体知识与集体知识之间的交互作用中螺旋式上升的。主要有以下五个阶段：

（1）共享隐性知识阶段。

（2）创造新概念阶段。

（3）证明概念阶段。

（4）构建原型阶段。

（5）知识层次交叉阶段。

考点 10　组织学习与组织修炼

1. 组织学习及其类型

组织学习是"组织成员发现并纠正组织应用理论中的错误，并将探索结果深深印入个人意象和组织的共享图式中"。

（1）组织学习过程就是组织创新过程。

（2）组织学习是组织成员共同知识建构过程。

（3）组织学习是一种实践活动。组织学习并不是纯粹的认知活动，它并不仅仅是进行理论思考，更重要的在于形成实践行动。

组织学习可分为三种类型：单循环学习、双循环学习和再学习。

首先，单循环学习是指组织内部所设计的一个诊断与监视错误并且矫正错误的机制。

其次，双循环学习是在进行单循环学习模式之外进一步去检视组织规范、目标及可能存在的错误假设，并予以矫正。

最后，再学习乃是上述两种学习经验的转化与再应用，借此过程内化成为组织的能力。

2. 组织学习的中断与智障

（1）四种组织学习的中断

①行为受限学习。组织成员不能说服他人改变组织的行为规范，导致失去了组织学习的信念，出现了组织学习过程中的个人信仰与个人行为之间关系的中断。

②听众学习。组织成员不能从组织学习过程中得到足够的激励，导致组织成员行为游离于组织之外，出现了组织学习过程的个体行为与组织行为之间关系的中断。

③迷信学习。组织成员不能正确对待组织行为与环境之间作用的结果，将从中得出不正确的结论，出现了组织对于环境反应学习的中断。

④模棱两可学习。它发生在不能明确识别环境变化的时候，组织成员不能从环境反应中建立个体的信念，造成未能完成学习的过程。

（2）七种组织学习的智障

①局限思考。②归罪于外。③缺乏整体思考的主动性与积极性。④专注个别的事件。⑤煮青蛙的故事。⑥经验学习的错觉。⑦管理团体的迷思。

3. 打造学习型组织的五项修炼

第一，系统思考。系统思考的关键在于具有系统的观点和动态的观点，它的艺术就是要看穿复杂背后引发变化的结构。

第二，自我超越。自我超越是一种愿景和实现愿景的过程，最终将不断突破极限深化到组织成员的潜意识之中。

第三，改善心智模式。心智模式是深植于人们内心的思维逻辑。改善心智模式的修炼就是不断反思自己的心智模式和对他人的心智模式进行探寻，提高组织适应能力。

第四，建立共同的愿景。组织在持续不断鼓励发展个人愿景的同时，将个人的愿景整合成组织的共同愿景，驱使人们为之而奋斗和奉献。

第五，团体学习。团体学习是发展组织成员整体合作与实现共同目标能力的过程，只有将个体的力量整合为整体的力量，提高集体的智商，才能达到组织学习的目的。

结语　互联网时代的管理展望

复习指导

本章是结语部分，主要讲解互联网及信息革命对企业经营管理的影响，简单了解即可。

知识框架

	互联网在商业领域的广泛应用	信息制造
		信息传播
		信息存储
互联网时代的管理展望	互联网广泛应用可能对企业活动产生的影响	对企业与商业合作伙伴的关系可能产生的影响
		对企业与竞争厂家的关系可能产生的影响
		对企业内部活动组织可能产生的影响
	互联网广泛应用可能引发的管理革命	企业组织形式的适应性变革
		员工管理方法的适应性变革
		管理者决策方式的适应性变革

考点1　互联网在商业领域的广泛应用

1. 信息制造

（1）信息制造的内容得到了丰富，互联网的沟通使世界连成了一个整体；

（2）信息制造的主体范围得到了拓展；

（3）信息制造的载体更加丰富。

2. 信息传播

除了信息制造的增快，信息传播效率的提升也是信息爆炸的重要原因。得益于互联网的高速通信技术，当今的信息可以以光速进行传播，新的信息在产生的同时，就可以被世界上任何个人或企业接收到。

3. 信息存储

一方面，互联网的信息存储具有时间上的广延性和空间上的广阔性。

另一方面，互联网使得信息存储具有数据化和编码化的特征，可以通过电子计算机和网络方便地进行查阅和调用。

考点2　互联网广泛应用可能对企业活动产生的影响

1. 对企业与商业合作伙伴的关系可能产生的影响

（1）对于与供应商的关系来说，信息数量的增加和信息传播速度的加快使得企业能够更容易地收集到供应商的信息并进行充分的对比，因此减少了企业与供应商之间的信息不对称程度，从而降低了交易成本。

（2）对于与客户的关系来说，关于企业的负面消息更容易产生和传播，会严重影响客户企业对自身的认可，因此企业声誉和品牌形象越来越重要，成为企业立身的根本。

（3）对于与战略合作企业的关系来说，互联网的沟通和信息的有效交流使得企业合作不再受到时间和地点的制约，因而战略合作伙伴之间更容易达成共识，建立更加紧密的合作关系。

2. 对企业与竞争厂家的关系可能产生的影响

（1）现有竞争者是企业抢夺市场的主要威胁来源。信息的高速流通使得技术和制度的优势更容易被模仿和复制，因此企业不再能够依靠单一的优势取得市场机会，而必须发展出不可复制的核心优势。同时，高度公开的市场信息和透明的市场价格，使市场更加接近完全竞争市场，进一步加大了市场竞争的激烈程度。

（2）替代品是指那些能够实现同种功能的其他产品，几乎所有企业都会面临替代品的竞争从而影响企业追求剩余价值。互联网时代，客户和消费者能够选择的替代品种类更多，搜寻合适的替代品的时间和机会成本更小，使企业面临着更大的替代品威胁。

（3）企业还面临着即将进入同行业的潜在竞争者的威胁。信息的快速流通使得行业机密难以存在，也降低了进入新行业的技术壁垒。

3. 对企业内部活动组织可能产生的影响

企业经营者在综合运用各种信息进行决策时，不仅要消化和分析海量的信息和数据，还要在庞杂的信息中去芜存菁筛选出有效和有价值的真实信息，决策的工作量显著增加。同时，信息传播速度的加快提升了企业的运行速度，也需要管理层加快决策的节奏，进一步增加了企业经营者的决策难度。

对企业组织而言，互联网的应用既是挑战，也是机会。一方面，海量的信息涌现对企业组织能力提出了更高的要求，不仅需要企业组织有更强的信息收集、信息甄别和信息处理的能力，还要能够有效地利用互联网发声，自主制造、存储和传播自身的信息，在互联网中占有自己的位置。

另一方面，组织学习理论认为，组织可以通过不断努力学习信息和知识来改变或重新设计自身以适应持续变化的环境从而提高核心竞争力。

考点3 互联网广泛应用可能引发的管理革命

1. 企业组织形式的适应性变革

互联网时代下企业组织形式的变革主要表现为从"法理型设计"到无边界组织、无组织的转变。通用电气的 CEO 杰克·韦尔奇首先提出了无边界组织的概念，他将组织边界分为外部边界、地理边界、水平边界和垂直边界。

2. 员工管理方式的适应性变革

互联网时代下快速变化的市场环境很难提前预知，因此更加需要员工的综合能力和主观能动性。

3. 管理者决策方式的适应性变革

在信息爆炸的今天，基于海量信息做出快速的理性分析已经非常困难。直觉，这个在以往的分析中被认为是主观、非理性的因素在当今企业家的决策中发挥着愈来愈重要的作用。